中国名村志文化工程

Culture Project of Local Records of China's Famous Villages

花茂村志

LOCAL RECORDS OF HUAMAO

贵州省遵义市播州区枫香镇花茂村志编纂委员会 编

方志出版社

Publishing House of Local Records

图书在版编目（CIP）数据

花茂村志 / 贵州省遵义市播州区枫香镇花茂村志编纂委员会编. -- 北京：方志出版社，2020.12

（中国名村志丛书）

ISBN 978-7-5144-4266-3

Ⅰ. ①花… Ⅱ. ①贵… Ⅲ. ①村史—遵义 Ⅳ. ① K297.35

中国版本图书馆 CIP 数据核字（2020）第 235899 号

· 中国名村志丛书 ·

花茂村志

编　　者：贵州省遵义市播州区枫香镇花茂村志编纂委员会
责任编辑：丛　珺

出 版 者：方志出版社
地址　北京市朝阳区潘家园东里 9 号（国家方志馆 4 层）
邮编　100021
网址　http://www.zgfzcb.cn
发　　行：方志出版社图书经销中心
电话　（010）67110500
经　　销：各地新华书店
排　　版：北京纺印图文设计制作有限公司
印　　刷：北京中科印刷有限公司

开　　本：787 × 1092　1/16
印　　张：13.25
字　　数：277 千字
版　　次：2020 年 12 月第 1 版　2020 年 12 月第 1 次印刷

ISBN 978-7-5144-4266-3　　**定价**：106.00 元

◉ 序一

中共十九大报告明确提出："坚定文化自信，推动社会主义文化繁荣兴盛。""没有高度的文化自信，没有文化的繁荣兴盛，就没有中华民族伟大复兴。要坚持中国特色社会主义文化发展道路，激发全民族文化创新创造活力，建设社会主义文化强国。"编修地方志是中华民族千百年来的固有传统，留下了浩如烟海的历史文献，承担着传承中华文明、发掘历史智慧的重任，发挥着存史、育人、资政的作用。

在习近平新时代中国特色社会主义思想指引下，在增强文化自信、推动传统文化创造性转化、创新性发展背景下，全国地方志事业迎来了开拓创新与转型升级的重要机遇期。中国地方志指导小组及其办公室组织实施的中国名村志文化工程，用中国独有的文化载体——地方志，来记录乡村的"名"和"特"，记录乡村全面建成小康社会的进程和取得的成就，是地方志围绕以人民为中心开拓创新的具体举措，是传承乡土文化、坚定文化自信、加快建设社会主义文化强国的内在要求，是服务乡村振兴战略、加快全面建成小康社会、推进社会主义现代化建设、实现中华民族伟大复兴中国梦的应有之义。

实施中国名村志文化工程，是方志人贯彻落实习近平总书记"农村要留得住绿水青山，系得住乡愁"重要讲话精神的重要举措。"望得见山、看得见水、记得住乡愁……"习近平总书记用诗意的语言为中国的新农村建设指明了方向。开展新农村建设、美丽乡村建设，一定要把绿水青山保留下来，尽可能在原有村庄形态上改善农民生活条件，不盲目拆旧，也不盲目造新，让家乡的每一条河、每一棵树、每一口井，都能永远成为我们的乡愁。这是我们弘扬传统、面向未来的底气所在。那么，如何留住乡音、乡风、乡思，继承传统文化菁华，挖掘历史智慧，成为极其重要的工作。实施中国名村志文化工程，保护抢救、传承保存、开发利用宝贵的村落文化，重新唤起人们记忆中古老村落的青山绿水、小河大树、轶事掌故，打造完整记录乡村发展嬗变和现代化农村经济社会运行模式的系列中国名村志丛书，让乡土文化回归并为困惑的当代人提供精神家园，让农耕文化的优秀菁华成为建构农村文明的底色，无疑具有重要的现实意义和深远的历史意义。

实施中国名村志文化工程，是方志人贯彻落实党中央乡村振兴战略的鲜活实践。中共十八大以来，以习近平同志为核心的党中央高度重视农业、农村、农民工作，提出了许多新理念、新思想、新战略，特别是中共十九大报告作出实施乡村振兴战略的重大部署。2018 年 9 月 26 日，中共中央、国务院印发《乡村振兴战略规划（2018—2022 年）》，明确提出“鼓励乡村史志修编”。深入推进中国名村志文化工程，有利于全面翔实记录乡村振兴进程，客观记载地理环境、历史沿革、姓氏源流、人口、民族、方言、民居、宗祠、风俗习惯、家谱族谱、家规族规、宗教信仰、文物遗址、掌故传说、历史事件、人物等，完整保留乡土文化的原貌。所有这些工作，可以为延伸地方志工作触角，充分发挥志书存史、育人、资政功能提供借鉴；可以为社会各界和华人华侨、港澳台同胞寻根问祖、反哺桑梓、泽被乡里提供帮助。依托中国名村志文化工程的重要平台与载体，乡村振兴战略下的现代乡村将进一步挖掘自身独特内涵，彰显其新时代的作用及意义。

中国名村志文化工程从新时代中国特色社会主义的新需求出发，创新体例，立足实际，内容既严谨又通俗，展示了不同地区自然和社会风貌，在坚持志体基础上运用专题报告、回忆录、人物访谈、新闻资料等多种手法，重点介绍农村地区在转型发展方面的探索、示范、引领意义，对于不断提高地方志事业围绕中心服务大局的能力，为乡村改革发展贡献历史智慧，讲好中国故事，彰显中国软实力，增强“四个自信”等方面具有积极意义。

两年来，在借鉴中国名镇志丛书及各地乡镇（村）志宝贵编纂经验的基础上，中国名村志丛书编修不断取得丰硕成果，产生了良好的社会效益，新一批中国名村志的申报数量、覆盖范围延续强劲增长态势，充分体现出强大的内生动力。下一步，要总结经验、把握规律，为服务国家城镇化建设和乡村振兴战略打造更多优秀文明成果，推动中华优秀传统文化创造性转化和创新性发展，从中提炼出适合新时代、新形势、新变化、新要求的文化精髓，展现中国方志的当代价值和世界意义。

是为序。

中国社会科学院院长
中国地方志指导小组组长　谢伏瞻

◉序二

连绵不断地编修地方志是中国独有的优秀文化传统，承担着赓续文明、传承文化的重任。保存至今的8000余种、10万余卷历代方志，蕴含着传统文化基因和海量文化信息，既是中华优秀传统文化的重要组成部分，又是传承、彰显中华优秀传统文化的重要载体。

在各种类型的地方志编纂中，村志编纂古已有之，但从未进入国家层面的地方志编纂序列。新中国成立以来，党中央、国务院高度重视包括村志编纂在内的地方志工作，出台了重要文件。中央领导发表了重要讲话、作出了重要批示。习近平总书记高度重视包括村志编纂在内的地方志工作。2004年10月，他在担任浙江省委书记时到江山市凤林镇白沙村考察，看到村民编纂的《白沙村志》，鼓励村民把村志继续编纂下去。2014年4月，副总理刘延东在与第五次全国地方志工作会议部分会议代表座谈时指出："要结合发展的新形势，加强对地方志包括部门志、行业志、专题志、乡镇村志编纂的业务指导和服务。"2015年8月，国务院办公厅印发的《全国地方志事业发展规划纲要（2015—2020年）》，正式将中国名村志文化工程列为主要任务之一。2017年5月，中共中央办公厅、国务院办公厅印发的《国家"十三五"时期文化发展改革规划纲要》指出："完成省、市、县三级地方志书出版工作。开展旧志整理和部分有条件的镇志、村志编纂。"可以说，村志编纂迎来了历史上的最好时期。

农业、农村、农民"三农"问题，是数千年来影响中国社会发展最核心的问题。中共中央高度重视"三农"工作，从2004年起，连续13年，每年的中央1号文件都聚焦"三农"。中共十九大报告更是提出"农业农村农民问题是关系国计民生的根本性问题，必须始终把解决好'三农'问题作为全党工作重中之重"，特别是提出了"乡村振兴战略"，这是中国共产党在中国特色社会主义进入新时代后，对农村发展问题所做出的准确把握和与时俱进的战略应对，是建设中国特色社会主义强国战略的重要组成部分。改革开放近40年来，在党中央、国务院高度重视社会主义新农村建设的新形势下，各地涌现出一大批历史文化名村、经济强村、新农村建设示范（试点）村、美丽乡村和特色村，成为先进生产力和先进文化的代表。客观记录中国农村全面建成小康社会的进程，向后人展示在中国共产党领导下农村千年未有的巨变，是地方志工作者肩负的光荣而重大的历史使命。编纂中国名村志丛书，是记载当代中国农村发展变革的重要途径。

文化寻根，寻的是其发展的源头和根基。村落是中国传统文化的根基所在。农村的生产生活方式、社会规范、宗族文化、宗教文化、民风习俗、传统节日、民间艺术等，无不镌刻着中国人独特的民族性格，这就是家国情怀、文脉绵延、精神归属。在快速城镇化进程的冲击和开发性破坏下，大量传统村落面临消亡的危机，村落蕴含的历史文化信息也流失殆尽，抢救性保护刻不容缓。编纂中国名村志丛书，是保存村落历史文化信息，抢救、保护村落文化最好的方式。

一方水土养一方人。家乡的山水草木、村间小巷、乡俗民情会在每个人心头留下深刻的烙印，这就是故土情结。而村落的形成与发展离不开人的活动。编纂中国名村志丛书，通过记述村落建筑、名门望族来追溯村落的历史；通过记述村落规模、布局、人口、物产等反映人口来源、宗族兴衰、生活习惯、文化背景、宗教信仰、经济发展等，体现环境与人相互影响、相互作用、相互发展的既矛盾又统一的关系；通过记述戏剧、音乐、舞蹈、美术、文学、手工技艺等文化形式，展示百姓在长期的生产生活实践中摸索和总结出的智慧结晶，强化人们沟通感情的纽带。编纂中国名村志丛书，是传承乡俗、诉说乡音、记住乡愁、纾解乡思，激活历史传统、唤起共同文化记忆、塑造共同心灵认同的重要文化工程。

中国名村志文化工程以践行文化自信、传承中华文脉、彰显时代发展为己任，以打造全国地方志系统的重要品牌为目标，在体裁运用、篇目设置、资料选择等方面进行大量的创新，突出“名”和“特”，拣选各个名村中最值得记述、最具有代表性的人、事、物，予以浓墨重彩的描画，从而形成系列的、高质量的、可读性强、雅俗共赏的地方志读本，让地方志紧接地气、贴近百姓，让地方志成果进入寻常百姓家，让人民群众共享地方志成果，让越来越多的人从地方志中感知传统、历史和记忆，成为传统村落和传统文化的守护者，成为中华优秀文化的传承者。

是为序。

中国社会科学院原院长
中国地方志指导小组原组长
王伟光

◉ 序三

习近平总书记指出："让居民望得见山、看得见水、记得住乡愁。"这句富有诗意的重要论述不仅唤醒了中国人城镇化建设过程中对于人和自然关系、人和历史关系的思考，同时也引发了学界对"乡愁"进一步进行文化意义解读的兴趣。从本质上看，乡愁是一种源自主体体验的情感，隐含了一种人们带着乡愁追寻自我生存与生命意义、追寻诗意栖居的精神家园的美学思辨。同时，这种追寻自我生存的主体逐渐转向大众群体，乡愁也由传统单一的"文化乡愁""爱国情怀"演变为对于"理想家园"的精神追求。

中国有近 60 万个村庄，约有 5000 个古村落，被住房城乡建设部和国家文物局界定的传统村落就有 1561 个。随着中国城镇化步伐的加快，乡村的版图日渐凋敝，大批农村青壮年劳动力走进城镇，融入了新的生活。然而，每逢传统佳节，那种挥之不去的离愁别绪挟裹着亿万农民工，又融入了返乡的滚滚洪流。这是乡愁的情愫牵动着他们，是故乡的山、故乡的水、故乡的老屋、故乡的小吃在牵动着他们，是故乡家家户户的楹联和口口相传的故事，以及只有在隆重的传统佳节才有的古老的民风习俗在牵动着他们。

文化可以体现一个民族、一个国家、一个社会的重量与体温，这是文化的力量之所在，而村落是传统中国的根脉所系，乡土社会是最能够体现中国传统文化特征的地方。梁漱溟曾指出："中国文化是以乡村为本，以乡村为重，所以中国文化的根就是乡村。"我曾在《建设社会主义新农村的理论与实践》一书中指出，在新农村建设的过程中，必须"保护和发展有地方和民族特色的优秀传统文化，创新农村文化生活的载体和手段，满足农民群众多层次、多方面的精神文化需求"，而编纂村志尤其是实施中国名村志文化工程就是一个重要举措。实施中国名村志文化工程，编纂中国名村志丛书，以最基层的村落为研究对象，寻根传统村落的历史，梳理村落的发展脉络，以唤起人们的归属感和认同感，探索新型城镇化和社会主义新农村建设过程中，如何留住乡音、乡风、乡思，继承传统文化精华，挖掘丰富历史智慧，是贯彻落实中央城镇化工作会议精神和中共十九大提出的“乡村振兴战略”的重要举措，是当前和今后一个时期全国地方志工作者的重要工作。

虽然村落文化正在日益远离当下生活，但我们可以抓住诸如基本村情、文物胜迹、古村保护、特色文化、旅游名胜、村域经济、风土民情、村民生活、新农村建设、艺文杂记、名人与名村等关键内容，通过志书的手法来诠释乡村文化的精华。我们如实记录着村落里的人和事，以及青山绿水、小河大树、袅袅炊烟，力争以最完整、最原真的方式呈现村落的前世今生。我们要为“迷失”的人留住乡村文化的根脉，让人们难以割舍的乡愁得以慰藉和释放。

中国名村志文化工程将触角伸向那些极具代表性的村落，它们有的历史悠久、名人辈出，有的经济腾飞、重获新生，有的风景秀丽、景观独特，有的地处边陲、神秘莫测……我们挖掘中国不同类型村落的发展之路，为探索新型城镇化和社会主义新农村建设的发展经验、发展模式、前进道路提供历史智慧和现实借鉴。因此，打造以重在表现乡村嬗变为主旨的中国名村志丛书十分必要和迫切，这是一项功在当代、利在千秋的文化工程。

近年来，随着中国经济社会的发展和国际地位的提高，越来越多的人想要认识中国、了解中国、研究中国。在这样的形势下，乡村是不可或缺的一环，我们要集中讲好发生在乡村的故事，向世界呈现一个多元的、立体的中国。乡村历经岁月变迁的风雨，见证着改革开放的步伐，寄托着数代中国人的情感。发生在乡村的故事无疑是血肉丰满的、震撼人心的、引起共鸣的。我们应该有这个自信能够讲好乡村故事，讲好中国故事，描绘出中国的底色，“让每一个中国人都能在地方志中找到自己的位置”。

可喜的是，越来越多的有识之士认识到了这一点，加入到保护、传承、发展村落文化的队伍中来。仅就编纂中国名村志丛书来看，第一批的申报范围就涵盖包括香港特别行政区在内的 32 个地区，申报数量高达 70 余部。“直笔著信史，彰善引风气，为当代提供资政辅治之参考，为后世留下堪存堪鉴之记述”，这是我们的初心和使命。希望中国名村志文化工程的实施，能够带动更多的人关注中国乡村文化，为社会主义文化强国建设作出更大的贡献。也希望越来越多的名村都来融入继承中华文化传统、颂扬中华传统文化的活动中，让正能量更多地润泽温暖人们的心灵，让更多的人“记得住乡愁”！

是为序。

中国社会科学院原副院长
中国地方志指导小组原常务副组长 李培林

◉中国名村志文化工程专家委员会

◉中国名村志文化工程学术委员会

◉中国名村志丛书编纂委员会

◉中国名村志丛书编纂委员会办公室

◉ 贵州省遵义市播州区枫香镇花茂村志编纂委员会

名誉主任 陈　灼　张显敏

主　　任 帅　波　杨生国

副 主 任 李　涛　王　远　杨守东

统　　筹 周成军

成　　员 池建伟　潘克刚　彭龙芬

◉ 贵州省遵义市播州区枫香镇花茂村志编纂单位

遵义市地方志编纂委员会办公室

遵义市播州区地方志编纂委员会办公室

遵义市播州区枫香镇人民政府

遵义市播州区枫香镇花茂村民委员会

贵州省遵义市播州区枫香镇花茂村志编辑部

（2017 年 1 月至 2017 年 9 月）

主　编　江廷绪

副主编　李明钢　陈有余

资料员　池建伟　牟明弦

打字员　余　通

（2017 年 9 月至 2020 年 5 月）

主　编　杨生国

副主编　王恩俊　李明钢　陈有余　高　原

图　片　朱小松　葛镇亚　唐　正　胡志刚

资料员　池建伟　牟明弦　李斗强　刘修文

◉ 中国名村志丛书凡例

一、以马克思列宁主义、毛泽东思想、邓小平理论、“三个代表”重要思想、科学发展观、习近平新时代中国特色社会主义思想为指导，坚持辩证唯物主义和历史唯物主义的立场、观点和方法，存真求实，全面、客观、系统记述中国名村村落发展变化进程和改革开放成果，传承和抢救乡土历史文化，激发爱国爱乡情怀，留住乡愁，为探索中国特色新型城镇化建设、服务乡村振兴战略提供历史智慧和现实借鉴。

二、为全面反映入志事物发展脉络，各志上限尽量追溯至事物发端，下限一般断至各村志启动编修年份，个别重大事项可延至搁笔。详今明古，着重反映时代特色和地方特点，重点体现各村的“名”与“特”。

三、记述地域范围以下限年份的行政辖区为主。为体现名村在更大区域内的意义，可以从更开阔的区域视野记述与该村相关的内容。

四、统一采用纲目体，设类目、分目、条目三个层次。横排门类，纵述史实，述而不论。

五、综合运用述、记、志、传、图、表、录等各种体裁，以志体为主。体裁运用适当创新，篇目设置不求面面俱到，一般意义上的村级内容略去不载。

六、除引用文字和附录文献资料外，统一使用规范的现代语体文记述，行文力求朴实、严谨、简洁、流畅、优美，具有较强可读性。

七、人物部类遵循“生不立传”原则，人物传主按生年排序，只选录对本村发展有重大影响的人物，不面面俱到。

八、各项数据一般采用国家统计部门数据。数据缺乏的，采用主管部门或主办单位正式提供的数据。

九、数字用法、标点符号、计量单位分别执行国家标准《出版物上数字用法》

（GB/T 15835—2011）、《标点符号用法》（GB/T 15834—2011）、《国际单位制及其应用》（GB 3100—1993）和《有关量、单位、符号的一般原则》（GB 3101—1993）。历史上使用的计量单位，如斗、石、里、尺、磅、华氏度等，在引文时可照录。考虑到社会使用习惯，全书中亩不统一换算。

十、中华民国成立前的纪年，使用朝代年号纪年，括注公元年份；中华民国成立后的纪年，均使用公元纪年。志中所称“解放前（后）”，以该村解放日为界；“新中国成立前（后）”，以中华人民共和国成立日 1949 年 10 月 1 日为界；“改革开放前（后）”，以 1978 年 12 月中共十一届三中全会召开为界。本志“×× 年代”，凡未加世纪者，均指 20 世纪。

十一、为节省篇幅，避免重复，本志采用条目互见法。参见条目的表示形式为：参见本志“×× 类目 · ×× 分目 · ×× 条目”。

十二、对旧志、古籍中的繁体字、冷僻字一般用简化字或通用字替换，易引起误解的则保留。

十三、记述各个历史时期的党派、机构、职务、地名等，均以当时的名称为准。对频繁使用的名称，首次用全称并括注简称，其后用简称。

十四、各村志需要单独说明的事项，均在各自编纂始末中记述。

花茂村在中国的位置

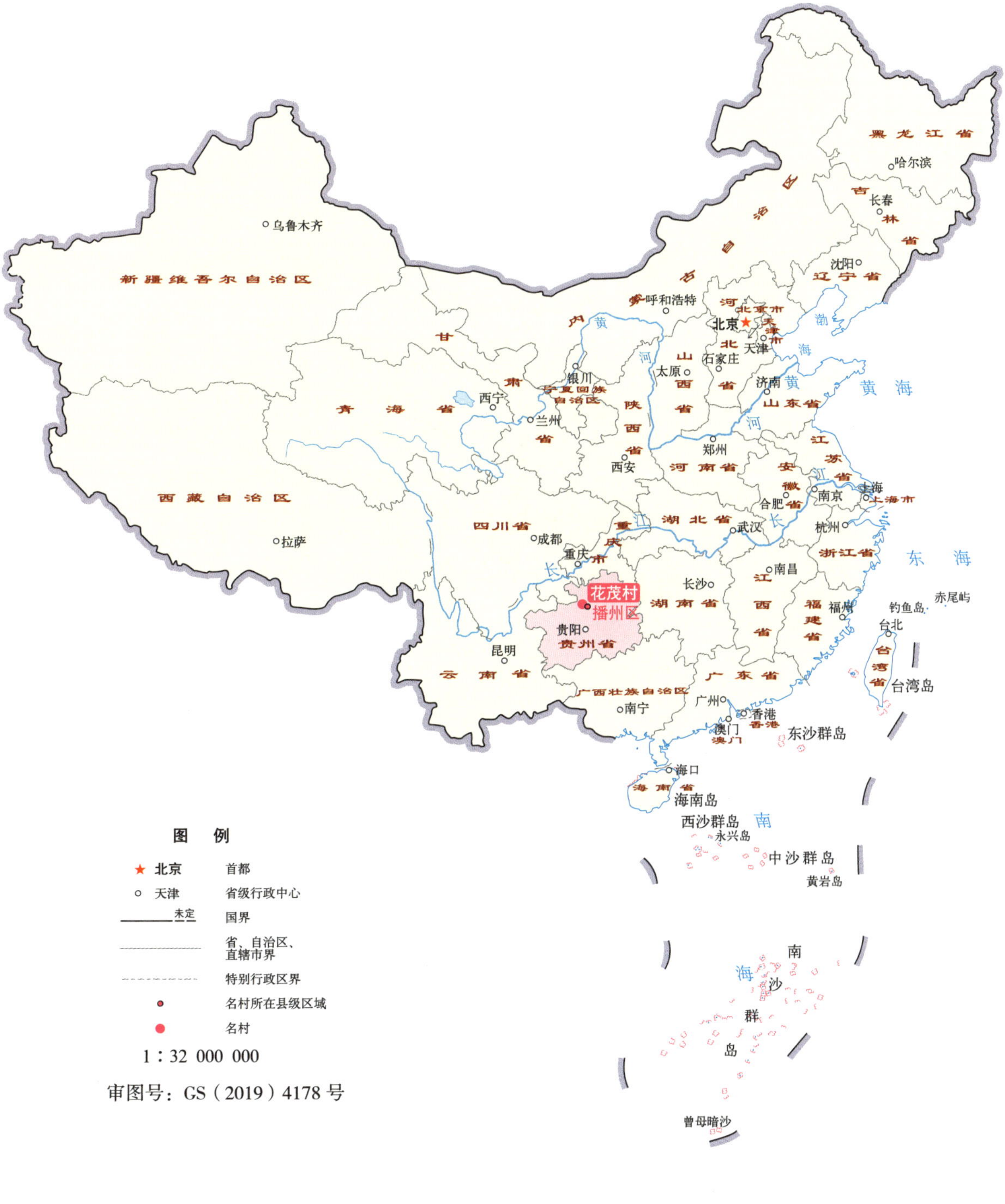

审图号：GS（2019）4178号

花茂村在贵州省的位置

遵义市
铜仁市
毕节市
贵阳市
六盘水市
安顺市
黔东南苗族侗族自治州
黔南布依族苗族自治州
黔西南布依族苗族自治州
花茂村
枫香镇
播州区
遵义
贵阳
图例
贵阳 省级行政中心
凯里 自治州行政中心
铜仁 地级行政中心
绵屏 县级行政中心
省界
地级界
名村所在县级区域
名村所在乡镇
名村
1：3 600 000
审图号：GS（2019）4178号

花茂村平面示意图

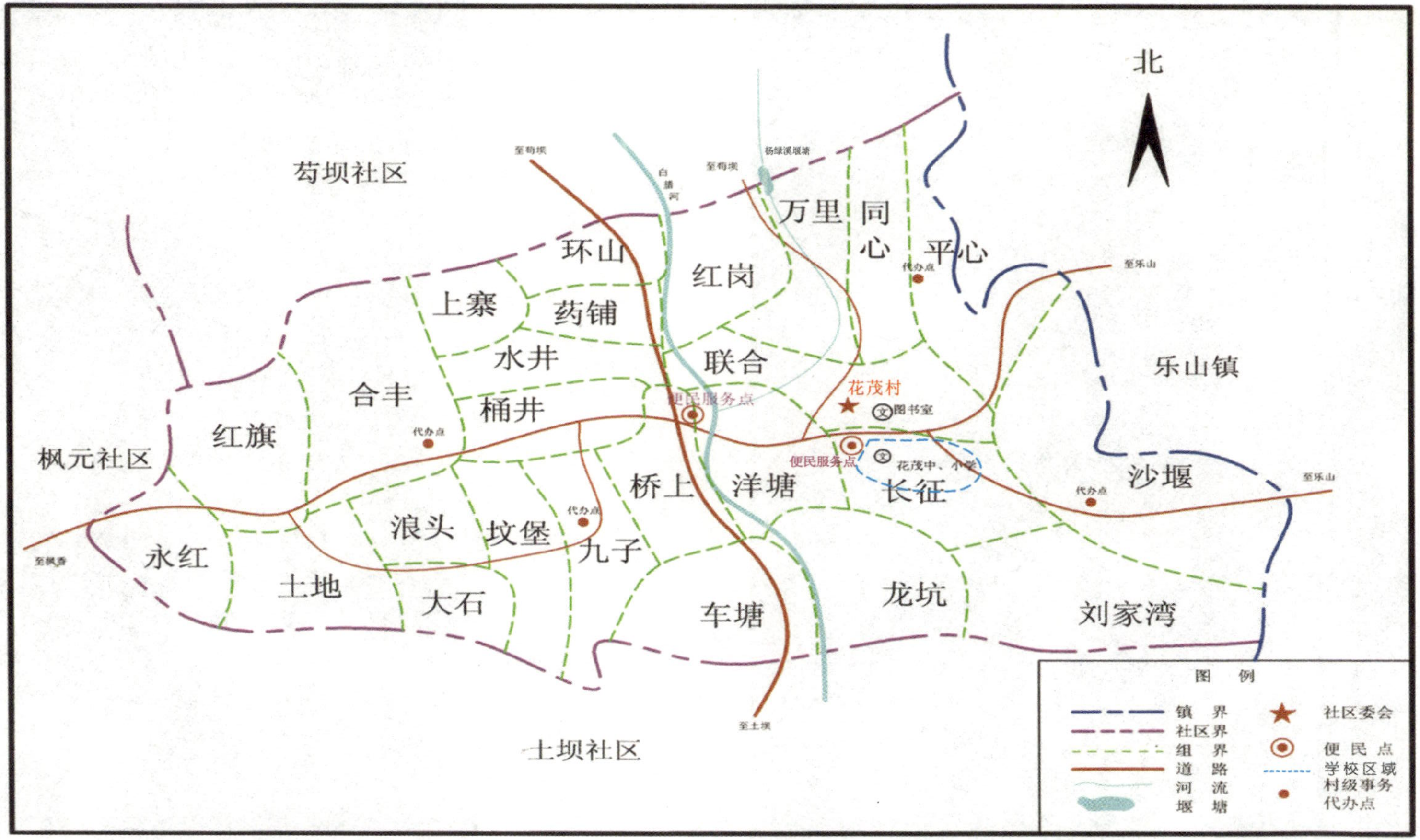
北
苟坝社区
乐山镇
枫元社区
土坝社区
万里
同心
平心
红岗
环山
上寨
药铺
水井
联合
合丰
桶井
红旗
花茂村
图书室
便民服务点
花茂中、小学
长征
沙堰
桥上
洋塘
浪头
坟堡
九子
永红
土地
大石
车塘
龙坑
刘家湾
代办点
至苟坝
至乐山
至土坝
至枫香
白腊河
杨绿溪堰塘
图 例
镇 界
社区界
组 界
道 路
河 流
堰 塘
社区委会
便 民 点
学校区域
村级事务代办点

花茂白泥新街（2017 年）

花茂九丰现代农业园区（2016 年）

陶藝世家
陶艺文化创意一条街

白泥片区路边人行步道（2016 年）

花茂白泥片区（2016 年）

田园风光（2017 年）

花茂大坝（2007 年）

农家小院（2017 年）

感谢党的好政策

红军标语

目录

黔北名村　花繁叶茂

花茂村位于贵州省遵义市播州区枫香镇之东北部，距镇政府所在地6千米。原名荒茅田，意指穷乡僻壤之地。新中国成立之初，改名为花茂，寓意花繁叶茂。中央红军长征期间，军委纵队部分机关在该村驻扎近一个星期，播下了革命的火种。近年来，该村开展“四在农家·美丽乡村”建设和精准扶贫，使一个贫穷落后的小山村，旧貌换新颜。

一

花茂村位于贵州省北部，遵义市播州区（原遵义县）西部，枫香镇东北部。东接乐山镇新华村，南邻土坝村，西靠枫元村，北抵苟坝村。位于北纬 27° 36′ 09″ ~ 27° 38′ 2″，东经 106° 33′3″ ~ 106° 30′ 5″。总面积 9.8 平方千米。2017 年，花茂村辖 26 个村民组，有耕地 5531 亩（其中田 2200 亩、土 3331 亩）、林地 9045 亩；总人口 4950 人，其中男 2575 人、女 2375 人。境内有汉族、苗族、水族、仡佬族、土家族、壮族、侗族等民族及穿青人。少数民族人口 73 人，占总人口数 1.47%。

花茂村处于中亚热带季风气候带，气候温和，冬无严寒，夏无酷暑，四季如春。常年平均气温 14.6℃，最高 37℃，最低 −5℃，年平均太阳辐射量为每平方厘米 81.8 千

游人在花海中骑行（2015 年）

卡，年平均日照 1140.89 小时，年均无霜期 280 天，年均降水量 1081.9 毫米。境内河流有白腊河，以及杨绿溪、刘家湾、河村沟、沙堰河、九子屯 5 条小溪流，总长约 14 千米；有关堰小（2）型水库 1 座，库容 10 万立方米。另有杨绿溪堰塘，库容 4.5 万立方米。境内野生动植物种类繁多，地下白鳝泥、黄泥资源储量丰富，是花茂村传统土陶制品的主要生产原料。

境内属喀斯特地貌，以东西走向的九龙山、石牛山山脉为骨架，呈西北高、东南低的槽谷、丘陵地形。海拔 956 ～ 1114 米，其山坡坡度多数在 50° 以上。森林覆盖率 48.71%，主要分布阔叶林植被，常绿如春。

二

花茂土陶生产距今有近 130 年历史。1915 年巴拿马国际博览会上，因“怒掷酒瓶震国威”事件获奖的茅台酒，就是用花茂生产的土陶罐盛装。20 世纪 20—60 年代，花茂陶瓷厂为茅台酒生产大量酒瓶和发酵坛。2014 年 7 月，花茂土陶制作技艺被列入遵义市非物质文化遗产名录。

2014 年，境内土地开始实施有序流转，发展现代农业。至 2017 年，流转土地 2500 亩，建成九丰农业园区、顺然农场等山地现代高效农业产业园区。现代农业与红色文化、陶艺文化、乡村旅游有机结合，走“农旅文”融合发展新路，经济迅速发展。至 2017 年，花茂村形成陶瓷产业、现代农业、旅游产业三大产业，农民人均可支配收入 15600 元，村集体经济积累 201 万元，教育、卫生、文化等社会事业长足发展。

2004 年后，花茂村开始“四在农家”创建活动。2007 年，被列为全县新农村建设示范点。2012 年全力推进“小康”行动，以发展农村旅游为重点，拓展农民致富增收渠道。2013 年推进“四在农家 · 美丽乡村”创建活动，实施“小康六项行动”（小康路、小康水、小康房、小康电、小康讯、小康寨），按照“1+5+5”（一个总体规划引领，实施净化、美化、文化、产业化、精细化“五化”工程，推进环境、管理、文化、产业、便民服务“五项”升级）模式打造新农村升级版。经过 2014 年至 2015 年的建设，花茂村成为贵州省“四在农家 · 美丽乡村”示范点，农村旧貌焕然一新。

三

1935 年 2 月底至 3 月初，中央红军长征取得遵义战役的胜利之后，为跳出国民党

花茂白泥"乡愁小道"（2017 年）

40 万大军在川黔边的包围圈，将主力潜伏在遵义西面鸭溪、枫香、平家寨（今平正）地域，寻找战机。3 月 9 日至 12 日，中央红军军委纵队驻扎花苗田、苟坝一带。其间，红军帮助群众成立陶瓷工人工会等群众组织；在今花茂村境内书写大量标语，至今仍存 29 幅，是播州区保存红军标语最多的村；红军电文中有 7 封 9 处提到"花苗田"，国民党军事电文中有 2 封 3 处提到"花苗田"，使名不见经传的荒野之地载入中国革命的史册。

1939 年，中共地下党员张兴、汪素从外地来到花茂，以教师身份作掩护开展革命活动，培养积极分子牟光远、王照明，并发展吴廷良入党。在花茂期间，张兴、汪素经常出入郑国兵、王照谊家，与二人交情甚深。张兴和汪素还经常教时年 12 岁的郑龙君唱进步歌曲，讲革命故事，传播革命火种。1951 年 5 月，罗永富、袁春林、蔡树明、潘大春等青年踊跃参加中国人民志愿军，奔赴抗美援朝前线。1953 年 3 月，罗永富在朝鲜牺牲。

四

2015 年 6 月 16 日下午，中共中央总书记、国家主席、中央军委主席习近平到遵义县枫香镇花茂村考察。习近平对该村把扶贫开发与富在农家、学在农家、乐在农家、美

九丰农业园区种植的向日葵（2016 年）

在农家的美丽乡村建设结合起来的做法表示肯定。[①]

① 引自《习近平在贵州调研时强调：看清形势适应趋势发挥优势　善于运用辩证思维谋划发展》，《人民日报》2015 年 6 月 19 日第 1 版。

村“两委”干劲实足，带领村民开展新农村建设、发展乡村旅游和现代农业，分别获得“全国先进基层党组织”（中共中央 2016 年 7 月授予）、“中国美丽休闲乡村”（农业部 2016 年 10 月授予）、“2015 最美红村”（中国红色旅游专业委员会 2016 年 1 月授

予）、"创建无邪教示范村"（国务院防范和处理邪教问题办公室 2017 年 3 月授予）、"贵州省同步小康创建最佳示范村"（贵州省同步小康创建最佳示范县乡村推选委员会 2016 年 12 月授予）、"最美村庄"（贵州省农业委员会 2017 年 6 月授予）、"中国乡村旅游创客示范基地"（国家旅游局 2017 年 8 月授予）、"全国改善农村人居环境示范村"（住房和城乡建设部 2017 年 8 月授予）、"2017 年中国人居环境奖"（住房和城乡建设部 2017 年 8 月授予）称号。2017 年 4 月，花茂村党总支书记潘克刚当选中共十九大代表。

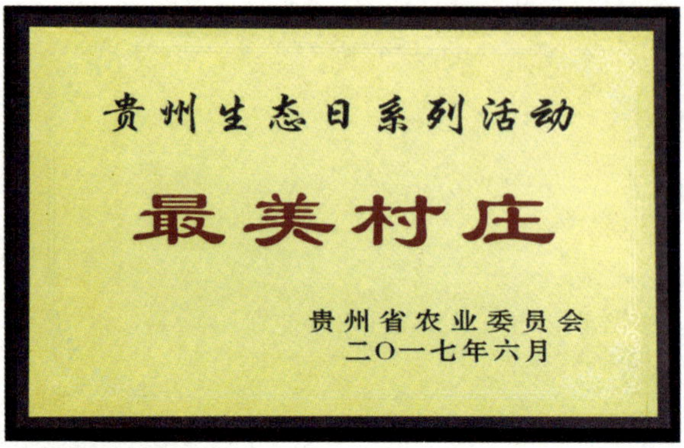

"最美村庄"铭牌

五

花茂始名荒茅田，清道光年间（1821—1850）更名为花苗田。1954 年 12 月，又更名为花茂，寓意"花繁叶茂"。2017 年端午节前后，贵州省文联主席欧阳黔森以花茂村为蓝本，创作出了报告文学《花繁叶茂，倾听花开的声音》和 30 集电视连续剧文学剧本《花繁叶茂》，为世人展现了遵义新农村的变迁。

基本村情

明末清初始建的花苗田场，是花茂村主要商品交易场所，枫香镇的古老集市之一。解放后为遵义县（今播州区）枫香区花苗乡人民政府驻地，建有中、小学及供销社、信用社、粮站、医院、烟草站等机构。改革开放后，街道集市面貌一新，市场繁荣。花茂交通发达，枫乐公路、枫纸公路贯穿村境。境内森林覆盖率48.71%，主要分布阔叶林植被。盛产白鳝泥，是传统陶瓷产业的主要源料。2013年，花茂村开始“四在农家·美丽乡村建设”创建活动，农村经济迅速发展。至2017年，形成陶瓷产业、现代农业、旅游产业三大产业，农民人均可支配收入15600元，村集体经济积累201万元，教育、卫生、文化等社会事业长足发展。

◉ 建置沿革

村名由来 花茂，今人解释为“花繁叶茂”，一个美丽而富有诗意的名字。但其前身有两个名字：荒茅田、花苗田。

明代，此地为一高姓军人的屯封之地。场口有一块田，因户主外出多年未耕种，杂草丛生。村民赶集，在该荒芜田地中进行牛马交易，渐成集市，名为荒茅田。初为集市时，只有三五户人家。清道光年间（1821—1850），荒茅田更名为花苗田，原因说法有三。一是因社会动荡，高氏落败，先后从江西、四川、重庆等地迁来汉人居住，因当地有苗族等少数民族人口，认为是“花苗”之地而更名。二是传说清道光年间，今龙坑组干田湾有一块稻田的稻穗，每株从多年的百余粒稻谷突增至三四百粒。乡人遂采集数株，层层上报至朝廷。道光皇帝看后问明产地，曰“花苗田！”意为飞花杂交所致。三是“荒茅”与“花苗”谐音，久而久之，乡人习惯以“花苗”为名。1954 年，乡人民政府认为“花苗”之名对苗族有歧视之意，于是更名为花茂。

花茂街（2017 年）

辖区变迁 明清时，花茂村一部分为遵义县西乡沙溪里六甲，辖村境长征（含中学组）、联合、万里、红岗、环山、药铺、桶井、水井、上寨、洋塘（又名阳塘，下同）、车塘、桥上、龙坑、合丰、红旗、永红、土地、九子、坟堡、浪头、大石村民组；一部分属沙溪里十甲，辖村境平心、沙堰、刘家湾、同心村民组。

清宣统三年（1912），废里设区，甲未变，隶西三上区，辖村境平心、沙堰、刘家湾、同心、长征（含中学组）、联合、万里、红岗、环山、药铺、桶井、水井、上寨、洋塘、车塘、桥上、龙坑、合丰、红旗、永红、土地、九子、坟堡、浪头、大石村民组。

1932 年，隶属遵义县第十二下区隆胜乡、枫盛镇。隆胜乡辖村境平心、沙堰、刘家湾、同心、长征（含中学组）、联合、万里、红岗、环山、药铺、桶井、水井、上寨、洋塘、车塘、桥上、龙坑村民组。枫盛镇辖合丰、红旗、永红、土地、九子、坟堡、浪头、大石村民组。

1941 年实行"新县制"，属鸭溪区（西区）枫香乡，境内浪头、大石、土地 3 个组属第七保，合丰、红旗、永红、坟堡、九子 5 个组属第二保，其余村民组属第六保。1949 年 11 月底，枫香建立遵义县第七区人民政权，保留原保甲建制，村境为枫香乡人民公所第六保。1950 年 9 月，废除保甲制，花苗田（六保）改建为隆胜行政村，村公所驻地桶井。1950 年 12 月，枫香区人民政府改建为枫香区公所，乡公所改建为乡人民政府。1953 年 5 月，原枫香乡隆胜村（花苗）、民主村（苟坝）合并置花苗乡，乡人民政府驻花苗田街上。1954 年 12 月，花苗乡更名为花茂乡，隆胜村随花苗乡更名为花茂村。

1953 年春至 1958 年 7 月，走农业生产互助合作（互助组）、初级农业生产合作社与高级农业生产合作社道路。1956 年 8 月，撤销枫元乡，将团结（土坝）村并入花茂乡。是年冬，枫香区委在枫香乡建立起"浪潮高级社"（今花茂村的合丰、红旗、永红、浪头、大石、土地、九子、坟堡 8 个村民组隶之）。1957 年春，将高级社管理范围缩小，在花茂片区的花茂乡（辖花茂村、苟坝村、土坝村）、金竹乡（辖金竹村、新华村）2 个乡建立"勇猛高级社"。1958 年 9 月，成立遵义县枫香区花茂人民公社，10 月改置为遵义县枫香基层人民公社花茂管理区，11 月随公社并入遵义市。村境分属花茂管理区花茂大队和枫香管理区沈村大队。

1961 年 8 月，恢复遵义县建置，枫香人民公社复置枫香区公所，花茂管理区更名为花茂公社。花茂公社东及东南分别与鸭溪区金竹公社、白龙公社接壤，西及西南抵枫香公社，北邻纸房公社，面积 30.5 平方千米。辖花茂、沈村、土坝、苟坝 4 个大队，时有

58 个生产队 1577 户 8066 人，其中苗族 21 人、仡佬族 16 人、布依族 1 人。

1980 年，将 13 个生产队改建为 25 个生产队。其中，花茂大队辖车塘、桥上、洋塘、龙坑、平心、刘家湾、沙堰、同心、联合、长征（含中学组）、万里、红岗、环山、药铺、水井、上寨、桶井等 17 个生产队。沈村大队辖合丰、红旗、永红、浪头、大石、土地、坟堡、九子等 8 个生产队。

1984 年 5 月，复置乡、村建制，花茂公社改建为花茂乡，辖花茂、沈村、土坝、苟坝 4 个村 53 个村民组。其中，花茂大队改建为花茂村，沈村大队改建为沈村村。

1992 年 9 月，建镇并乡撤区，由原枫香镇、花茂乡、纸房乡合并建枫香镇，村境隶属枫香镇。1993 年 8 月，花茂村和沈村村合并建立花茂村。1998 年 3 月，枫香镇人民政府设花茂片区办事处，至 2003 年 12 月，花茂片区办事处辖花茂、土坝、苟坝 3 个村。

1963 年花茂公社区域图

2003 年 12 月，撤销花茂片区办事处，花茂村直隶枫香镇。花茂村领平心、沙堰、刘家湾、同心、长征、联合、万里、红岗、环山、药铺、桶井、水井、上寨、合丰、红旗、永红、土地、九子、坟堡、洋塘、车塘、桥上、龙坑、浪头、大石 25 个村民组。2005 年 6 月，在长征组内的花茂学校增设中学组。至 2017 年，全村共 26 个村民组。花茂村境域为：东起乐山镇新华村的石八头、马卣头，西至枫元村的蔡家垭、龙转头，南起土坝村的水门坎，北抵苟坝村的苟村组、杨绿溪堰。

花茂村今村民组各时期所属情况表

表 1

<table>
<tr><th>今村民组</th><th>明清时期</th><th>民国时期</th><th>1950 年</th><th>1956 年冬</th><th>1957 年春</th><th>1961 年</th><th>1980 年</th><th>1993 年</th></tr>
<tr><td>平心组</td><td rowspan="4">属遵义县西乡沙溪里十甲</td><td rowspan="17">属遵义县第十二下区隆盛乡</td><td rowspan="25">属遵义县枫香乡隆胜村（花茂村）</td><td rowspan="17">—</td><td rowspan="17">勇猛高级农业生产合作社（含花茂乡之花茂村、苟坝村、土坝村和金竹乡之新华村、金竹村）</td><td rowspan="17">枫香区花茂公社花茂大队</td><td rowspan="3">平心生产队</td><td rowspan="25">花茂村、沈村村合并为花茂村</td></tr>
<tr><td>刘家湾组</td></tr>
<tr><td>沙堰组</td></tr>
<tr><td>同心组</td><td>同心生产队</td></tr>
<tr><td>万里组</td><td rowspan="21">属遵义县西乡沙溪里六甲</td><td>万里生产队</td></tr>
<tr><td>联合组</td><td rowspan="2">长征生产队</td></tr>
<tr><td>长征组（含中学组）</td></tr>
<tr><td>红岗组</td><td>红岗生产队</td></tr>
<tr><td>桶井组</td><td rowspan="5">白泥生产队</td></tr>
<tr><td>环山组</td></tr>
<tr><td>水井组</td></tr>
<tr><td>上寨组</td></tr>
<tr><td>药铺组</td></tr>
<tr><td>车塘组</td><td rowspan="3">中心生产队</td></tr>
<tr><td>桥上组</td></tr>
<tr><td>洋塘组</td></tr>
<tr><td>龙坑组</td><td>龙坑生产队</td></tr>
<tr><td>合丰组</td><td rowspan="8">属遵义县西十二下区枫盛镇</td><td rowspan="8">枫香乡建立浪潮高级社，沈村大队 8 个组属之</td><td rowspan="8"></td><td rowspan="8">枫香区花茂公社沈村大队</td><td>合丰生产队</td></tr>
<tr><td>红旗组</td><td>红旗生产队</td></tr>
<tr><td>永红组</td><td>永红生产队</td></tr>
<tr><td>九子组</td><td rowspan="2">龙丰生产队</td></tr>
<tr><td>坟堡组</td></tr>
<tr><td>浪头组</td><td rowspan="3">李子生产队</td></tr>
<tr><td>大石组</td></tr>
<tr><td>土地组</td></tr>
</table>

村落历史 花苗田场是枫香镇古老集市之一，旧称荒茅田或花苗田。《遵义府志》（2013 年点校本）载："荒茅田，城西八十里，沙里，日三、八集。又名花苗田。"始建于明末清初，为古乡场，街道长 200 余米，居住有数十户居民，路面一直为泥石路面，雨天道路泥泞，客商很难摆摊经营，商业一度萧条。改革开放后，由于村级集镇建设加快，附近村民到街道建房者增多，街道延伸到上场三岔路口，总长 400 余米，为花茂村主要商品交易场所。街道附近建有花茂中学、小学及医院，场内店铺林立，经济活跃。1998 年，花茂片区办事处书记刘忠发组织各单位和学校筹集资金，改建花茂街道集市。街道居民按每户门前路段长短出资，每米出资 42 元，花茂信用社、花茂中学、花茂小学、花茂粮站、花茂烟叶收购站各出资 2000 元，花茂集市路面从上场口（原花茂仓库门口）硬化至下场口共 300 米，总投资 4 万元。从此，花茂街道集市面貌得以改变，市场繁荣，赶场日期仍然为农历每月的三日、八日。至 2017 年，花茂集市包含联合和长征 2 个组、142 户、631 人，有房屋 117 幢。

此外，在清末民国初即形成一定规模的寨子有沈村、药铺、九杵屯、白泥、刘家湾、岗石台、小院子、杨桃湾、新房子、接灵桥等。据传，九杵屯地名来历起源于明朝，是一"地理先生"从青坑九龙山"撵地"至此，发现此处有九座形状如杵的山头，故名。20 世纪 80 年代后分为九子组与坟堡组。药铺地名因清道光、咸丰年间（1821—

花茂街全景（2017 年）

1861），迁居花茂的刘姓第八代刘照明（字晓东）在今药铺组建住所并开中医诊所而得名。刘照明所建院落占地 4 余亩，为 3 个四合院。后因其他村民在其住房附近建房，形成村寨。

花茂村新旧地名对照表

表 2

旧地名	2017 年地名	旧地名	2017 年地名
刘家湾	沙堰	桐子堡	车塘、桥上
马家房子	同心	平桥	龙坑
四堡	同心	车塘	车塘
大秧地	平心	接灵桥	桥上
新房子	长征	罗石堰	车塘
红壁头	万里	沈村	红旗、永红
杨桃湾	洋塘	九杵屯	九子、坟堡
岗石台	红岗	堰上	合丰
白泥	环山、药铺、桶井、水井、上寨	李子湾	浪头、大石、土地
关井	合丰	联丰（连枫）	永红
大土湾	刘家湾	吉龙寺	九子
张家屋基	刘家湾	红陶厂	合丰
小院子	龙坑	新房子	合丰
龙坑南	龙坑		

◉ 区位

地理区位 花茂村位于贵州省北部，遵义市播州区西部，枫香镇东北部。地理坐标：北纬 27° 36′ 09″ ~ 27° 38′ 2″ ，东经 106° 33′ 3″ ~ 106° 30′ 5″ 。东接乐山镇新华村，南邻土坝村，西靠枫元村，北抵苟坝村，土地总面积 9.8 平方千米。

交通区位 花茂村距遵义市中心城区 55 千米、播州区中心城区 45 千米、枫香镇人民政府所在地 6 千米、遵义新舟机场 97 千米、国酒茅台产地茅台镇 34 千米、遵赤高速公路入口 6 千米、苟坝会议会址 3 千米。枫乐（枫香小学—乐山镇）公路、枫纸（枫元—纸房）公路贯穿村境。农村公共汽车有花茂至枫香、花茂至鸭溪、花茂至南白 3 条线路；鸭溪电厂运煤公路横穿村境。

◉ 自然环境

地形地貌 花茂村地处贵州高原北部，以东西走向的九龙山、石牛山山脉为骨架，呈西北高、东南低的槽谷、丘陵地形。属喀斯特地貌，褶皱为境内地质构造的主体。北部红岗村民组境内有仰天窝山，是境内最高的山峰，海拔 1114 米；东南部龙坑村民组境内有铜金山（又名桐星山），海拔 1080 米；最低处位于花茂村与土坝村交会的水门坎，海拔 956 米。

河流 白腊河：起点环山组，接苟坝村，经红岗、水井、桶井、药铺、车塘、桥上、洋塘、龙坑组接土坝村白腊河道，长 3 千米，灌溉面积 800 余亩。杨绿溪溪流：起点于杨绿溪堰脚，经红岗、万里、洋塘、桥上组流入白腊河，长 1.8 千米，灌溉面积 200 余亩。刘家湾溪流：接乐山镇地界，经沙堰、刘家湾、平心、长征、联合、龙坑组流入白腊河，长 1.3 千米，灌溉面积 400 余亩。河村沟溪流：经万里、中心组流入白腊河，境内 1.5 千米。沙堰河溪流：自东往南流经沙堰、刘家湾村民组，境内 3 千米。九子屯溪流：源自永红组石根坡脚，西折往南流经永红、红旗、李子、九子、坟堡村民组，流入白腊河，境内 3.2 千米。

白腊河（一）（2017 年）

白腊河（二）（2016年）

气候 境内属中亚热带季风气候，气候温和，四季如春，冬无严寒，夏无酷暑。常年平均气温 14.6℃，最高为 37℃，最低为 -5℃，年平均太阳辐射量为每平方厘米 81.8 千卡，年均日照为 1140.89 小时，年平均相对湿度 82%，常年平均降水量为 1081.9 毫米，丰水年的降水量约 1179.3 毫米，枯水年的降水量约 944.2 毫米，特枯水年的降水量约 734.5 毫米。年均无霜期 280 天。由于受季风影响，常常雨量不均，或遭干旱，或遭水灾。1924 年冬至 1925 年 7 月遭逢大干旱，庄稼无收。1978 年 5 月 26 日遭特大暴雨，上百亩良田被淹没，部分房屋、圈舍垮塌。2017 年 6 月 23 日遭暴雨，降水量为 182 毫米。春季的倒春寒、伏旱，秋季的绵雨和冬季干旱，给人民生产生活带来一定影响。境内有“冻桐花”低温天气过程，即桐子树花将开之际，会有 5 天左右的低温天气，气温在 8℃以下。桐花始开，气温回升。“烂桐花”，即桐花凋谢之际，气温也要下降 5 天左右，气温在 10℃以下。桐花谢绝，气温回升。

自然资源

土地资源 2017 年，境内森林面积 9045 亩，森林覆盖率 48.71%。耕地面积 5531 亩，其中田 2200 亩、土 3331 亩。村境成土母质主要为白云质灰岩、黄色砂页岩风化物和第四系黄色黏土。水稻土占土地面积 11.8%；黄壤占 11.64%；白鳝泥、黄泥资源丰富，是花茂传统土陶制品的主要生产原料。

植物资源 主要分布阔叶林植被。其中，土地村民组有古枫树 1 棵，树干直径 1 米，树高 20 米，树龄约 150 年；该村民组还有古紫荆树 1 棵，树干直径 0.6 米，高约 8 米，树龄约 120 年。野生菌种类繁多，常见食用菌有：香菇、冻菌、黄丝菌、树桩菌、木耳等，主要寄生于枯朽阔叶树上；青杠菌、石灰菌、奶浆菌、松菌、柏香菌、茅草菌、大脚菇、刷把菌、油辣菇、灵芝等，主要生长于树林中腐质土壤中；三坝菇、三坝丁、棉花菌、谷庄菌、西瓜菌等，主要生长于耕地土壤中。境内野生植物品种多，主要有松、杉、柏、杜仲、青杠、茶、五倍子等。按门类分可分为苔藓、蕨类、菌类、种子植物。

位于土地组的古紫荆树（2017 年）

位于土地组的古枫树（2017 年）

动物资源 境内野生动物分为五类（部分已消失）。鱼类：有胭脂鱼、长薄鳅（花钢鳅）、中华沙鳅（小花鳅）、泥鳅、短体条鳅、红尾鳅、马口鱼（大嘴巴）、鲫鱼、赤眼鳟（红眼棒）、鲇鱼（鲇马郎）、白甲鱼（圆头鱼）、南方白甲鱼、棒花鱼（爬虎鱼）、乐山棒花鱼、三角鲂（三角扁）、泉水鱼（鲩鱼棒）、岩原鲤（岩鲤）、三角鲤、乌鳢（乌棒鱼）、银鱼（透明鱼）。此外，虾、黄鳝最为常见。两栖类：有蟾蜍（癞蛤蟆）、黑斑蛙、泽蛙、无斑雨蛙、黑点树蛙、大树蛙。爬行类：常见的有鳖（团鱼）、壁虎、北草蜥（四脚蛇）、赤链蛇（野鸡项）、乌梢蛇、王锦蛇（菜花蛇）、竹叶青（青竹彪）、钝尾两头蛇（撩棒蛇）等。鸟类：有鸬鹚（水老鸦）、白鹭（白鹤）、黄鸭、赤麻鸭（水鸭子）、雉鸡（野鸡）、锦鸡、竹鸡、灰鹤、山斑鸠、普通秧鸡、岩鹰、普通夜鹰、普通翠鸟（打鱼郎）、斑啄木鸟、星头啄木鸟、小云雀、家燕、棕色背伯劳、灰背伯劳、虎纹伯劳、八哥、喜鹊、大嘴乌鸦、画鹛、红嘴相思鸟、黄腹柳莺、大山雀（山喜鹊）、树麻雀、山麻雀。哺乳类：有刺猬（刺猪）、灰鼩（刺扁）、鼠耳蝠（蝙蝠）、黑髯墓蝠（洞蝙蝠）、江西草兔、赤腹松鼠、豺（马耳狗）、黄鼬（黄鼠狼）、貉（狗獾）、华南猪獾（拱猪）、泥猪、中国水獭（水猫子）、豹猫（野猫）、华南野猪、林麝（獐子）、小麂（山羊）。家养动物分家畜、家禽。家畜有水牛、黄牛、马、羊、猪、兔、狗、猫。家禽有鸡、鸭、鹅。

◉人口　姓氏

人口概况 1943年，花茂村所在枫香乡人口密度122.36人/平方千米。1950年，花茂村所在七区（枫香）人口密度96人/平方千米。1958年，枫香基层人民公社（含今村境）人口密度101人/平方千米。1959年冬至1960年春，农村公共食堂断粮，人口减少。1961年以后，人口逐年增长。1980年后实行计划生育基本国策，控制人口增长。1983年，花茂公社居住1577户、8066人，人口密度264人/平方千米。2000年，花茂办事处（原花茂乡）有9896人，人口密度572人/平方千米。

1982年，花茂大队、沈村大队共3439人，人口密度351人/平方千米。2003年，花茂村辖25个村民组、4138人，人口密度422人/平方千米。2017年，花茂村辖26个村民组、1293户、5368人（男2624人、女2744人），其中农业人口5231人、非农业人口137人，人口密度548人/平方千米。有汉族、侗族、苗族、仡佬族、水族、土

药铺（2017 年）

家族、壮族及穿青人。少数民族（不含穿青人 3 户 4 人）共 40 户 73 人，占总人口的 1.36%。

人口源流 明万历二十八年（1600），朝廷调集大军征讨播州宣慰使杨应龙，死亡、逃匿、充军流放和战后饥荒使当地居民锐减，“播州之民十不存一二，田地荒芜，百里无烟，路绝行人”。次年改土归流后，招抚流亡的旧民归乡，留平播军队屯垦“领照为业”，又从江西、湖广等行省迁移汉族人口入境承种无主民田，人口渐有恢复。明天启年间（1621—1627），四川永宁土司奢崇明、贵州水西（今贵州黔西）土司安邦彦兴兵反明，遵义城三陷三复，杀掠一空，幸存者相继逃往他乡，县境“万灶寒烟”，人口大减。天启七年（1627）平乱后，撤屯归民，结田领种，境地炊烟又起。崇祯十七年（1644）“甲申之变”，张献忠率义军入蜀作战，四川腹地战事激烈，川南各县大批难民流寓遵义，境内人口有所增加。从万历二十八年（1600）平播到明亡的 44 年中，境内人口大多为外省移民。

清康熙十二年（1673），爆发“三藩之乱”，吴三桂叛军在遵义大肆屠戮，人口减少大半。平乱后，官府倡导垦辟山土田亩，“其无业主之官山，一概招人认垦，官为立界，给照营业”。在清初“湖广填四川”的大规模移民中，一些江西、湖南人迁入境内领照为业，人口渐增。咸丰四年至七年（1854—1857），社会动荡，人口大减。至光绪年间（1875—1908），人口又逐渐恢复。

大姓源流

境内主要姓氏有王、杨、牟、陈、张、李、母、刘、吴、罗、黄、袁、鲁等姓。其中人口最多的王姓有1050余人，杨、牟、陈、张姓各有300余人，李、母、刘姓各有200余人，吴、罗、黄、袁姓各有100余人。

花茂村王姓　源出东周太子晋，为太原王氏。宋代后属“三槐王氏”，后迁长江以南。明崇祯十五年（1642），祖籍江西吉安府吉水县、定居重庆府涪州（今重庆市涪陵区）泥新里第八甲滥泥沟的王声远，迁徙四川遵义军民府遵义县南乡南隅里八甲杨家田定居落业；其长子王凤翔携妻敖氏定居遵义县西乡沙溪里十甲木龙垭打鳅台（今遵义县乐山镇金竹村漆树湾）。王声远死后葬于三岔聂家湾，名下二子，长子凤翔定居漆树塆，次子凤翱定居绥阳峰坎。王凤翔名下一子正敖；正敖名下二子，长子王瑄、次子王璇；次子王璇名下二子，长子奇升、次子奇彦；奇升名下二子，名逢汉、逢淳；王逢汉迁花茂定居，名下九男二女，王氏家谱称花茂“下九房”。本系王氏入遵至今发展至第十六代。今花茂村境车塘等王姓系王声远第六代王逢汉入村后人。

花茂村母姓　相传系春秋时期齐国第五代国君齐宣王封其弟于母丘，赐姓“胡母”氏。西汉时期胡母氏逐渐分衍为胡母氏、母丘氏、母氏三个主要姓氏。据山西省社会科学院家谱研究中心专家称：母丘是齐大夫封地，后人以地名为氏，后又由母丘氏改为母氏。东汉桓帝时（146—167），母氏先祖母超因护驾有功，封为御前大将军，母氏由此发派衍世，世居河北巨鹿郡（今河北正定县境内）。南宋端平二年（1235）友贤、友谅、友政三祖同时奉旨入播平彝蛮叛乱，因战功显赫，母友政受封丁山世袭，世居习水丁山。明嘉靖二十八年（1549），入播始祖母广德官拜镇关侯，世袭威远卫武烈大将军，生母镰、母钱、母鉴、母铵。母铵随父入播，世袭威远卫武烈大将军升平西大都督，谥赠镇关侯。母铵娶宋氏、何氏生俸朝、俸明、俸湖、俸蛟、俸虎、俸禄、俸霞，其后裔母光栋等居花茂村白泥；娶李氏、冯氏生俸鹏、俸海、俸龙、俸孝，其后裔母大章等居花茂村沈村沟，至今延续十五代。

花茂村鲁姓　源出周朝姬派的一支，战国时鲁国公族以国为姓，迁往夏邑，西晋末年鲁姓南渡长江，进入江西、福建等地。花茂鲁氏原籍山东，由山东迁江西吉安府吉水县。明万历二十八年（1600），朝廷调遣24万大军在李化龙率领下平定播州。平播后，鲁氏兄弟八人从江西吉安府吉水县沿长江迁到四川渝州綦江，四人留川，四人入播。分别时，将一口锅砸成几片，各留其一，为日后兄弟后代相会的依据。入播始祖鲁群，又名鲁廷贵，在马桑窝（遵义市官井下原图书馆馆址处）办理领照手续后，落业遵义县北乡毛石坎芭蕉水荷麻沟。下传第四代，有良英、良国、良史兄弟三人。鲁良国从毛石坎二兔岩迁遵义县西乡沙溪里十甲枫香荒茅田大木堰，后嗣居住沙堰、枫元等地。从入遵第八代即入花茂第五代鲁文学起另制定字派为：文思国志宗，纯正克修容，培源光世泽，德绍水成雍。花茂名人鲁瀛（号屏周）为鲁良国第九代，其余后代至今延续至十三四代。1995 年 3 月 27 日，鲁氏各房代表开会，确定新的字派（八十八世起用）：鸿家耀贤俊，才冠勇树屏，爱厚建泽烨，效哲泰懋伦。

花茂村牟姓　相传远祖祝融封于牟子国（今河南中牟县），其子孙因此为姓，乃颛顼帝之后裔；平昌、平阳两郡皆为牟氏祖脉渊源之地。后迁楚荆（今湖北省荆门市）公安县落业住宅，取名牟家坪，历晋、汉、周、宋三百余年。元末明初，因战乱频繁，时祖母陈氏传衍四房，斯时千家逃走，万户出奔。祖母曰："时世逼矣，迁徙其为良策。"弟兄四人分手时，祖母将明镜一口，碎成四块，每人各存一块，后世子孙名曰"镜子牟"或"四块牟"，英祖、幺祖（茴祖）随祖母入蜀，落业重庆府巴县、古蔺、瓮坝铜贯驿，传四代三房，共七祖。清顺治年间（1643—1661），张献忠入四川，祖居地古蔺等地遭兵戎之患，牟胜宗潜入遵义干溪避难，为牟氏入黔始祖。第十世祖牟正邦落业遵义县西乡荒茅田，为今花茂村牟氏始祖，其后裔牟明灯等辈为第十六代。牟氏胜宗祖系脉派字辈四十字：胜永贵朝芳，国升单师正，玉相世连光，明德子远扬，乾元登大义，文英治定邦，秉忠仁孝友，纯祖武贤良。

花茂村刘姓　系御龙氏彭城郡黎照堂世系。原籍江西省南昌新建县，离城七十里地名紫溪、店下北坊田垅。其一世祖刘尧仁原籍江西二十四都黄堂下堡，后入四川江津县。第五代共五房：钰、钧、铎、镇、锜。刘铎为入黔始祖，为桐梓县芦溪里水井湾生长人氏，自此以"金水木火土"为取字派偏旁，五代一轮周而复始。刘铎墓葬遵义县西天旺里五甲鸭溪场万寿宫。入黔第二代刘启沛生于桐梓县芦溪里，清康熙年间（1662—1722）迁遵义沙溪里十甲荒茅田今乐山镇浒洋水村六衙庄，六代刘钦德（字修德）乾隆年间（1736—1795）迁花茂，嘉庆二十年（1815）十二月殁于大木堰，墓葬花茂街后立八字碑。吏部候选、儒学正堂罗倚衡为其题碑文："笃生伟人，为世之纪，慎厥仪型，家声肇啟，福祉钟灵，云礽济济，七十余春，含饴乐善，伫杖优游，风化梓里，体度从容，行规步矩，形归于职，丰水有芑，松茂竹

苞，吉祥止止，凤篆龙章，良有以矣。”第九代刘照明，字晓东，系花茂开明士绅。道光年间（1821—1850）修建花茂药铺院落，为著名郎中。其侄孙刘金钿，字继汉，

沈村坝（2018 年）

历任国民革命军湖南独立第六师第二团、第一团上校团长，1930 年战亡于湖南沱口。今花茂刘姓已传十六代。

花茂油菜田（2015 年）

◉ 发展概况

经济 境内长期以种植水稻、小麦、油菜、玉米为主。耕作粗放、广种薄收的传统习俗，阻碍着社会生产力的发展。明平播之役后外省人大量移居，来自四川、江西、湖广的移民，带来较为先进的生产工具及耕作技艺，当地耕作水平有所提高。

清朝后期，政治日趋腐败，社会动荡，兵祸连年，境内农村经济日益凋敝。民国初期，滇军盘踞遵义，接着贵州军阀混战。民国后期，国民党为打内战之需，横征暴敛；地主高租重息，兼并农民土地；财主高利盘剥，使得大批农民失去耕地，农村的耕地日益集中到少数地主手中。花苗田地主王佐彬、牟直虎、牟俊光、刘金铭等不到10%的富户，占有45%左右的土地，致使大批农民无田地，只有到地主家中帮工度日。

1949年11月，遵义县解放后，废除地租、雇工、高利贷。1951年6月至1952年春，实行土地改革，实现“耕者有其田”，实行以户为单位自主经营。1952年至1953年，贯彻中共中央关于开展农业生产互助合作化运动的指示和毛泽东“组织起来，发展生产”的号召，引导刚分得土地和部分生产资料的农民组织农业生产互助合作组。办得较好的是合丰组的喻海彬互助组。互助组坚持“入组自愿，退组自由”和“自愿结合，等价交换，民主管理”原则，土地等生产资料仍属农民所有。通过互助合作，农作物产量普遍高于单干户20%左右。1954年，在互助组的基础上建立初级农业生产合作社（简称初级社），初级社实行土地入股，统一经营，集体劳动，收益按入股土地和社员投入劳动进行分配，有一定的公共积累。1956年春，今花茂村建立起9个初级社。

枫香区完成对农业的社会主义改造后，掀起大办高级农业合作社（简称高级社）高潮。1956年冬，枫香区委在今枫盛居、今枫园村、青坑村、张村村境内建立起“浪潮高级社”（今花茂村的合丰、红旗、永红、浪头、大石、土地、九子、坟堡8个村民组隶之），入社率82%。是年，在花茂街上建立信用合作社。1957年春，将高级社管理范围缩小，在花茂片区的花茂乡（辖花茂村、苟坝村、土坝村）、金竹乡（辖金竹村、新华村）2个乡建立“勇猛高级社”。入社率97%。

1958年，开展人民公社化运动，农民全部停止家庭私人开伙，到公共食堂吃饭。掀起群众性农田水利建设高潮，各地开展积肥“大跃进”。响应中共遵义县委“水稻密植”的号召，每亩插秧2.5万～3万窝，推行“八八四箢跨”和“三角丛植”的栽插方法。

强制推行深耕、密植，秋种小麦撒播密植，次年收入骤减。1959 年冬，农村公共食堂普遍缺粮断炊，造成饥荒。

1961 年，贯彻中央“调整、充实、巩固、提高”八字方针，推行“三自一包”（自负盈亏、自由市场、自留地、包产到户）政策。9 月，以生产队为基本核算单位，实行公社、大队、生产队三级所有。对生产队实行耕作区、劳动力、耕畜、农具“四固定”，以及包工、包产、包财务和超产奖励生产责任制。有部分生产队私下实行包产到户。至 1963 年，农村经济得到复苏，市场活跃。

继 1964 年开展“农业学大寨”运动后，1976 年至 1979 年，贯彻中央“农业学大寨”会议精神，遵义县提出三年建成“大寨县”。境内在同心生产队开出“百亩大田”1 块，坡改梯 20 余亩，植树造林 50 余亩。

1981 年，实行家庭联产承包责任制。1984 年，花茂公社辖花茂、沈村、土坝、苟坝 4 个大队，53 个生产队，包干户 2263 户，包干人口 9059 人，全部签订包干合同书。其中，花茂大队辖 17 个生产队，包干户 613 户，包干人口 2381 人；沈村大队辖 8 个生产队，包干户 315 户，包干人口 1315 人。1998 年第二轮土地延长承包耕地花茂村耕地面积 2813.27 亩，其中田 2048.78 亩、土 764.49 亩。

生态水稻基地（2017 年）

1982—1984 年花茂公社花茂大队和沈村大队土地承包情况表

表 3

大队名称	生产队名称	包干户数（户）	包干人口（人）	包干面积（亩）	合同书（份）
花茂大队	车塘生产队	43	178	105.88	43
	桥上生产队	44	164	82.53	44
	洋塘生产队	24	93	54.76	24
	龙坑生产队	70	269	203.75	70
	平心生产队	28	91	84.27	28
	沙堰生产队	29	111	96.22	29
	同心生产队	35	144	125.80	35
	联合生产队	38	153	153.49	38
	长征生产队	44	157	133.32	44
	万里生产队	42	142	105.16	42
	红岗生产队	59	250	177.39	59
	环山生产队	17	70	41.76	17
	药铺生产队	15	56	39.49	15
	水井生产队	25	100	57.19	25
	上寨生产队	18	72	34.68	18
	桶井生产队	35	148	68.97	35
	刘家湾生产队	47	183	160.48	47
合计	17	613	2381	1725.14	613
沈村大队	合丰生产队	74	323	192.76	74
	红旗生产队	43	179	116.18	43
	永红生产队	54	229	170.37	54
	浪头生产队	36	152	101.70	36
	大石生产队	22	80	57.68	22
	土地生产队	23	88	60.92	23
	坟堡生产队	34	143	74.59	34
	九子生产队	29	121	53.03	29
合计	8	315	1315	827.23	315

改革开放后，为搞活经济，对资金需求较为旺盛，信用社贷款成为推动当地经济发展的主要支撑。1984 年，贵州省为规范各地信用合作社名称，将村境内信用社命名为遵义县花茂信用合作社。

20 世纪 80 年代中后期，开始出现私营企业。企业规模小，多为粮食加工、批发零售、交通运输等行业。90 年代，境内始有个体石粉厂、养殖场。2008 年，牟光永创办花茂水泥砖厂，投资 100 万元，年生产能力 300 万块水泥砖。2011 年，花茂村创办小松水泥砖厂，投资 300 万元，年生产能力 500 万块水泥砖。

枫香土坝老砖瓦窑（2009 年）

2014 年 8 月，引进山东省寿光市九丰公司投资 2.6 亿元建设花茂蔬菜现代高效农业园区。该园区占地 500 余亩，集研发、繁育、种植、经营、配送、加工于一体，是市、县共同打造的省级现代高效农业园区。2015 年，引进贵州顺然生态农业开发有限公司建设顺然农场大健康养生产业园，总投资 4000 多万元，占地 1200 余亩。建设集健康美食体验、文艺演出、商务接待、会议娱乐、休闲度假、旅游观光、有机种植、生态种植、生态养殖、有机农产品加工为一体的农旅综合开发产业园，成为当时遵义最大的综合性产业有机农场。2014 年至 2015 年，分别创建母氏陶艺馆、遵义花茂盟鑫土陶工艺品制造有限公司。陶瓷产业在花茂再次兴起。乡村旅游蓬勃发展。至 2017 年 12 月，境内农家乐、乡村旅馆、特色小吃店、便民超市等 50 家，电子商务、商贸流通业兴起，有乡亲淘、爱特购、农村淘宝、主题邮局等 6 家电商平台入驻，15 户农民开办、经营网店。2016 年 1 月，花茂村登上中国红色旅游产业荣誉榜，获“2015 最美红村”称号。

至 2017 年，花茂村初步形成陶瓷产业、现代农业、旅游产业为主的三大产业共同发展布局。陶瓷产业、现代农业推进经济发展，促进旅游业发展。通过农旅文融合，花茂村经济不断发展、壮大。其中，陶瓷营业收入 56 万元，现代农业产值 2600 万元，旅游综合收入 4 亿多元。农民人均纯收入为 15600 元，是 1980 年 205 元的 76 倍。村集体经济积累 2015 年为 5 万元，2016 年为 51 万元，2017 年为 201 万元。

教育

学前教育 2011年3月，境内始办幼儿园，由花茂学校（九年一贯制学校）附设。2015年3月与花茂学校分离，建枫香镇花茂幼儿园。是年，教育局拨款70万元，对校舍进行改造。招收3～6岁儿童入学。每学期每人交保育费600元，每月交生活费200元，一日早、中两餐。教学以《幼儿园工作规程》为指导思想，贯彻《3～6岁儿童学习与发展指南》。至2017年，有5个班（小班1个、中大班各2个），教职工17人，在园幼儿214人。幼儿园占地面积3500平方米，建筑面积1200平方米，教学设施不断完善，有木马5个、大型滑梯2套、钢琴6架、活动室6间、睡房6间、办公室2间、电脑5台、图书室1间、功能室1间、留守儿童室1间、厨房1间。

小学 清末及民国年间，境内教育以私塾为主。清光绪二十三年（1897），鲁瀛（号屏周）在下寺办学，是境内官立学校的雏形。宣统二年（1910），时任贵州黄平县县长的王仲模御任回乡，在花苗田刘家祠堂创办“花苗田官立初等小学堂”，得到当地绅士的支持，创办初小1～3年级，学生80余人。20世纪30年代中期，乡绅王正奎、王

花茂幼儿园（2017年）

春普、王殿清、王继宽、牟俊光、鲁惠良等人出钱出粮创办花苗小学，兴建两楼一底的木结构房 1 幢，大小教室共 6 间，开办初小和高小，王照乾任首任校长。学校招收 1 ~ 6 年级的学生就读，时有学生 220 余人。1938 年，花苗初等小学有 4 个班，学生 100 余人；高等小学 2 个班，学生 50 余人。1948 年至 1949 年，学校停办。解放后，随着人民政权的巩固，群众自筹经费，因陋就简办起村小，招收 1 ~ 4 年级的学生入学。时有教师 5 人，学生 100 余人。1952 年，民办村小转为公办。1956 年 3 月，花茂小学建成完全小学，开设 1 ~ 6 年级。1957 年第一期高小毕业生毕业。1959 年至 1961 年，对境内学校进行调整压缩，下放 1958 年以后参加工作的教师，入学率大幅下降。1964 年至 1965 年，贯彻中央“两种教育制度，两种劳动制度”精神，在境内 1 个生产队办 1 个耕读班，或 2 个生产队合办 1 个耕读班。“文化大革命”开始后，学校停课搞运动，学校校长、部分阶级成分差的教师被批斗。1967 年下半年，“复课闹革命”，师生返回学校。1968 年，实行贫下中农管理学校。1968 年，公社革委会组织各生产队投工、投劳、出材料修建砖木结构教学楼 1 幢。1969 年，花茂小学附设“戴帽”初中。1983 年春，中、小学分

花茂小学（2017 年）

设。1996 年至 2003 年，境内有沈村小学和花茂小学。2003 年 6 月，沈村小学并入花茂小学。2004 年 8 月，中、小学合并为九年一贯制学校，名称为遵义县花茂学校。2010 年，加太华人文化协会捐资 30 万港元，遵义县人民政府匹配 190 万元资金，拆掉原教学楼，重新修建 1 幢四楼一底的教学楼，建筑面积 1120 平方米，2011 年 9 月竣工。2015 年，又分设为花茂小学、花茂中学。是年，遵义市彩票公益金投资 20 万元，为学校建成少年宫，开展绘画、手工、陶艺等 16 种活动项目。2016 年，学校获“市级文明校园”称号。2017 年春季，开设 7 个教学班，学生 319 人，教师 15 人。

中学　1968 年，根据“小学附设初中是个好办法”的指示，各公社完小相继办起初中班。是年，由花茂公社革委会主持，各大队、生产队投工投料修建，为砖木结构教学楼，每间教室 40 平方米，共 333 平方米。1969 年秋季开始招生，时有 1 个班，首任校长为公社革委会主任吴锡明。1971 年，第一届 24 名毕业生毕业，推荐李明芬等 6 人进入枫香中学就读。1974 年，初中两年制改为三年制，1977 年恢复中考后，初三毕业生参加全县统一升学考试，按成绩择优录取。可报考遵义县一中、平正中学、枫香中学。至 1978 年春，每个年级 1 个班，学生总数在 130 人左右。1978 年秋，花茂公社境内的苟坝、土坝大队的民办初中并入花茂小学附设初中，实行“两条腿走路”方式办学。1982 年，每个年级 2 个班，6 个班共 280 人。是年，学生李明钢以 340 分的成绩成为该校第一个考入遵义县第一中学的学生。1983 年春，初中部与小学分离，创办遵义县花茂公社初级中学。1984 年 5 月，改为遵义县花茂乡初级中学。1985 年，初三毕业生 42 人，学生张开雄以 346.5 分的总成绩成为该校第一个考入遵义县师范学校的学生，同年考入高中 5 人。1986 年，枫香区教育办公室在花茂中学试行优化组合，设年级组长，由组长选任教师，责任到人。当年，考上中专 2 人，为建校以来第一次；考上中师 2 人、高中 19 人。1987 年，花茂乡人民政府通过群众集资，为学校修建砖混结构平房 1 幢。1992 年，县人民政府拨款 3 万元，区公所拨款 1 万元，花茂乡全乡每人集资 5 元，社会捐资近 2 万元，学校自筹 1 万元，修建 1 幢二楼一底砖混结构教学楼，共 12 间教室，1 间地下室。1993 年，全校师生员工 800 余人，毕业班预选考试及升学考试均列全县乡级中学第二名，有 4 科成绩列全县单科第一名，王世刚的语文成绩列全县个人语文成绩第二名。1996 年春，遵义县烟草公司捐资 60 万余元，新建教室、教师宿舍、学生寝室，共 1081 平方米，命名为遵义县烟草公司花茂希望学校，师生员工近千人。1999 年秋，镇人民政府拨款新建学生宿舍 500 余平方米，为花茂中学兴旺时期。2004 年 6 月，香港慈恩基金会捐资修建花茂潘蜕菴教学楼，建筑面积972平方米。2004年8月，经县人民政府批准，将中小学合并建遵义县花茂学校，为九年一贯制学校。2015年，又分设花茂小学、花茂中学。2013年8月，县教育局拨款160万元，修建砖混结构的公租房1幢，建筑面积1400平方米。2014年12月，县教育局拨款65万元，修建塑胶球场1个，面积1580平方米。2017年秋，因学生只有100余人，花茂中学合并到枫香中学。

1990年，花茂乡开展文化构成普查。普查对象7976人，其中大学本科1人、大学专科1人、中专18人、高中191人、初中1605人、小学4027人、不识字2133人。

花茂村解放前仅有鲁瀛的两个儿子在外地读过大学。解放后直至1980年没有一个大学生。改革开放后，80年代只有3个大学生。90年代有45个大学生。进入21世纪，随着“两基”工作的落实和开展“四在农家”新农村建设，花茂村教育事业大力发展，2000年至2010年有86人考入大学，2010年至2017年有154人考入大学。

卫生 解放前，境内无专业医疗机构，靠郎中行医治病。1955年春，境内建立起集体所有制性质的花茂联合诊所，采取群众集资和区卫生所适当拨款补助相结合的方式，购置常用医疗器械、床、桌、凳等设备。1958年，大队建立保健室，实行半公费医疗，社员每人每月交1角钱的医疗费，公社从公益金中补助1角钱，社员领取“保健证”，凭证就诊，时称供给制，不到一年便停止。50年代末，开始对幼儿接种牛痘疫苗。1961年8月，境内联合诊所改为花茂卫生所，负责辖区内的医疗、防疫、保健等工作。卫生所医生的报酬，主要从本单位业务收入中支出，区财政适当补助一部分。卫生所主要负责辖区内的医疗、防疫、保健等工作。

花茂村第二卫生计生服务室（2017年）

1971年，生产大队建立合作医疗站，社员每人每年交2元钱作为合作医疗基金，领取“合作医疗证”，凭证就诊。患者在本大队合作医疗站就诊，只交5分钱挂号费，不付医药费，后来改为抓1副药1角钱。医生为半农半医的“赤脚医生”。“赤脚医生”的工资，开始时采用记工分，年终在自己所在的生产队领取报酬，服务对象为全大队群众，后来改为与民办教师相同，报酬由大队在各生产队中统一提取。

70年代起，增加对勾端螺旋体、流脑、乙脑的预防接种。1977年以后，将麻疹、白喉、破伤风等纳入免疫内容。1981年，合作医疗站更名为大队医疗站，“赤脚医生”更名为乡村医生。农村经济体制改革后，合作医疗被个体医生所代替，农民看病仍实行自费。1983年，区卫生院成立专门的防疫保健办公室，并培训一批乡村医生，负责辖区内的计划免疫工作。1996年起接种乙肝疫苗，1998年起接种流脑、乙脑疫苗。

2004年1月，建立花茂村新型农村合作医疗卫生室2处。卫生室主要负责基本医疗、疫情上报、预防接种、妇幼保健、健康教育，协助镇卫生院处理、扑灭疫情和其他公共卫生问题。卫生人员在乡村医生中录用，无报酬，其收入来源于业务收入。2006年2月起，推行多点接种工作，境内建立健全预防接种网络。

文化

龙灯 据《中国民族民间舞蹈集成·遵义县卷》载，枫香镇境内的舞龙灯起源于花茂乡。长龙由9节组成，有7节龙身和龙头、龙尾；11人参与舞龙，其中1人扛排灯、1人逗宝、9人舞龙。最短的龙由5节组成，即龙头、龙尾和3节龙身组成；1人扛排灯、1人逗宝、3人舞龙。龙身由竹篾扎制，红布连接，用黄、绿、黑等色布料镶裹，金铂纸做鱼鳞。农历正月初九开始，称“上九出龙”，正月十五结束。出龙前，要派人在前面“递帖子”，傍晚来演出。龙起舞时，伴有节奏鲜明的“咚咚咚”“锵锵锵”锣鼓声。一般在农户院坝中舞龙，龙灯一到，户主即燃放鞭炮或焰火。焰火多为土制，用竹筒盛着硝等药石，称“筒花”（20世纪90年代后取消）；或将生铁用炉溶化为铁水，用木板打抛为花，称“铁板花”。玩高台龙时，置方桌一张，桌面搁一条板凳，或将板凳置于地上。锣鼓声中，彩龙围桌凳转一圈，舞宝者吹口哨为前导，彩龙随舞宝人登上桌凳，边登边舞。上到板凳上，表演“龙翻身”“龙掉尾”“独脚莲花”等10多个造型，舞完返回地面。龙体小型轻便，翻滚速度快，在表演时，见龙不见人，有飞龙腾空的效果。

花灯 境内广泛流行的文化活动之一，历史悠久。《遵义府志》（2013年点校本）

载:“上元时，乡人以扮灯为乐。用姣童作时世装，随月逐家，双双踏歌，和以音乐，艳以灯火，抑扬俯仰，极态增妍，谓之闹元宵”，是见之文字最早的有关花灯的记载。花茂村境内花灯多在春节后一个月内开展。由“灯头”培训“幺妹”（当地俗称“包头匠”，男扮女装）和“唐二”（男性），也称为文角、武角，编灯词，练唱老灯，组织锣鼓、演唱队伍（多由灯友临时组成）。春节时出灯，“幺妹”旧时身着古装、头戴花冠，现时着时装，妖娆妩媚。出灯时在化妆场地唱《梳头灯》起灯，锣鼓先行，沿村逐户演唱。先由“唐二”说吉联:“走了一湾又一湾，走到主家把门关，唐王小灯来朝贺，请把财门大大开。”多由主人在堂屋内对答后，“幺妹”“唐二”开始玩灯（演出）。先唱《踩财门》，进门后参拜神位、参拜主人，然后根据主人家庭情况选唱花灯曲调，唱段多为五更转、十二月；曲调有“采茶调”“高粱调”“柳荫调”“马门调”“绣荷包”“十杯酒”“祝英调”“十望郎”“高腔”“数板”等；唱词内容有忠孝节义、历史故事，也有谈情说爱，还有不同时期的“新灯”，如解放前的《拉兵灯》《洋烟灯》，解放后的《白毛女》《添十字》《遵义名城》《十劝郎》《计划生育》等。表演时，“幺妹”手舞帕子和花扇，与“唐二”走二转半、园场、上高台，锣鼓伴奏，鼓止舞停，一人主唱，数人帮腔，或由文、武角对唱，唱完一段，锣鼓声起、跳舞又起。唱完一支或数支灯词后辞谢主人，主人给“幺妹”红钱；玩灯队伍出门，数十人上路，手执各式灯笼，盛为壮观。如此逐家演唱，天明撤灯。如遇主人招待夜宵或玩“许愿灯”，则增加《勒牙白》《财神登殿》《先锋摆片》《砍五方》《引登土地》《出马门》等折子小戏，花灯出门要盖魁驱邪。解放后，曾组织女青年玩姊妹灯，4 人对唱对跳，并搬上舞台。“四清”运动和紧接而至的“文化大革命”时期，视玩花灯为“封资修”，予以禁止。80 年代后复兴。

文艺展演　“文化大革命”时期，花茂生产大队组织毛泽东思想文艺宣传队，各生产队成立文化室。1969 年，花茂文艺宣传队赴县会演，获全县第四名。1989 年 5 月，成立花茂乡“石牛”书画社，在枫香区公所三楼会议室举办书画展，参展作品 146 件，参观人数 8000 多人次。2000 年春节，枫香镇在花茂村举办迎春晚会，演出节目有成人舞蹈、少儿舞蹈、小品、方言说唱、独唱等。2005 年 7 月 12 日，在花茂村白泥组“四在农家”创建点举办“三下乡”（文化、科技、卫生）文艺会演。贵州师范大学求是学院暑期“三下乡”社会实践服务队、枫香老年舞蹈队、枫香小学、花茂小学等单位，组织节目参加演出。

2015 年 1 月 5 日，中央电视台“心连心”艺术团到花茂村慰问演出

2015 年 1 月 5 日，中央电视台“心连心”艺术团到花茂村慰问演出。此次演出，为中宣部等五部委联合开展的 2015 年元旦春节期间“我们的中国梦——文化进万家”活动项目之一。中央电视台大型节目中心副主任周涛带队，曾多次执导大型文艺活动的中央电视台导演吴楠担任总导演。演出由领队周涛担任总策划，朱迅、张泽群和尼格买提·热合曼、张蕾分别主持。耿莲凤、蔡国庆、吕继宏、王莉、张英席、魏金栋、王二妮、陈志朋、汪正正、阿宝、王莹、褚海辰、叮当、张玺、李丁等演员登台表演，在“红色遵义”“绿色遵义”“多彩遵义”三个章节的演出中尽展才情，歌曲、小品、相声、杂技相互交织，歌曲《遵义会议放光辉》《红军战士想念毛主席》《鼓动天地》等令人难忘，催人奋进，村民观看后倍感振奋。

2016 年 2 月 22 日，贵州省举办“四路花灯闹元宵”大型文艺直播晚会，花茂村党员群众之家为北路直播分会场。2017 年 6 月 16 日，由中共遵义市播州区委宣传部、苟坝红创区、枫香镇联合主办的“百姓富·生态美·枫香情”文艺晚会在花茂村举办。

影视广播 解放后，境内先后由县、区电影队下乡巡回放映露天黑白电影。1980 年后，始有宽银幕彩色电影放映。1983 年，花茂公社成立电影队，由文希良、母光余、杨分、施树旗、雷以祥负责放映。放映地点屡次变迁，曾在文希良家房子、施树旗家堂屋、李叔平家堂屋放映。1992年，建花茂电视转播站，转播地点设在中心组的茶山堡上，主要服务花茂村、土坝村、苟坝村及周围的部分群众。1996年，电视转播站关闭停播，花茂村委会组织花茂街道及周边群众集资（每户30元）安装闭路电视网络，转播室设在村委会办公楼三楼，覆盖半径600米。由雷以祥负责管理，每月收3元的管理维修费。2004年，闭路电视转播室关闭，开展农村数字广播电视建设。

广播电视“村村通” 1995年，采取县广播电视主管部门投资、群众集资的方式，在枫香镇的各村陆续兴建广播电视“村村通”工程，在红陶厂安装接收机2台，接收天线1面，覆盖70户，管理人员为潘克强，运行至2002年。1996年在花茂村安装接收机2台，接收天线1面，覆盖680户，管理人员为雷以祥。由于管理不到位，无法进行设备维护，于2004年停播。

图书馆 2006年8月，以中央文明办资助的书籍为基础，在花茂村建立村级图书馆，有馆藏图书2900余册。2014年，花茂村“四在农家”升级版建设中，白泥片区党员群众之家农家书屋有图书3000余册。境内村民借阅图书只需在“借阅登记簿”上登记即可。

2014年至2017年，在白泥、沈村、刘家湾共建3个农民文化家园，为群众提供文化活动场所。

体育 1996年5月4日，枫香镇举办首届乒乓球比赛。8月1日至4日，枫香镇举办纪念建军节69周年篮球比赛，各村（居）及各机关单位组队11支参加比赛，花茂中学获第一名，枫香中学获第二名，花茂村获第三名。1997年7月28日至8月1日，花茂村举办庆祝建军节70周年篮球运动会。12月27日至29日，花茂村举办冬季篮球运动会。1998年10月1日至5日，枫香镇花茂办事处举办首届篮球邀请赛。应邀参加的单位有枫香镇人民政府机关队、枫香镇办事处代表队、枫香中学代表队、纸房办事处代表队、枫香小学代表队、花茂中学代表队、大坪村代表队、平正乡代表队、仁怀市五马镇代表队，枫香镇办事处代表队获第一名，花茂中学代表队获第二名，枫香中学代表队获第三名。2004年4月23日至25日，花茂村举办第四届篮球邀请赛。

全民健身运动兴起后，部分村民自发组织在村寨集中的院子跳“坝坝舞”，进行健身运动。2014年至2017年，在白泥、沈村、刘家湾分别建运动场，为群众提供锻炼场所。

照明 解放前，用油灯照明。解放后，机关单位首先使用煤油灯，随后普及至农村，结束桐油灯照明的历史。1985年，村境通电，用上电灯照明，结束煤油灯照明历史。

“乡愁邮局”（2016 年）

2006 年起，道路两旁安装太阳能路灯，清洁又省电。

通信 1958 年，花茂管理区安装电话。1996 年，枫香区境架设通信光缆。2000 年 8 月，境内安装程控电话。2007 年，枫香镇政府所在地至花茂光纤接通。是年，全村有程控电话 936 部。2014 年，将 300 米通信电缆入地。2017 年，全村手机拥有量约 3200 部，除学生和少数老年人外，村民均用上手机。不仅用于联络，还用于网络购物、销售产品等。

红色花茂

花茂是一块红色的土地。1935 年中国工农红军第一方面军长征转战黔北，三进三出遵义县。二进遵义后，在距花苗田 2 千米处的苟坝召开苟坝会议。其间，中革军委纵队集结花苗田一带，利用休整的机会发动群众开展革命活动，为群众演出文艺节目，教唱革命歌曲，并书写大量红军标语。至 2017 年，花茂村尚有 9 户人家共存 29 幅红军标语，是播州区保存红军标语最多的村。驻苟坝、花苗田的红军部队发动群众开展打土豪的斗争，先后成立苟坝抗捐委员会、南京坝革命委会会、花苗田京坝赤卫队、花苗田陶瓷工人工会。红军和当地群众结下深厚情宜，长征给花茂人民留下宝贵的精神财富。

◉ 进驻花茂

一进花茂 中国工农红军第一方面军（以下简称中央红军或红军）1935 年 2 月底二进遵义时，发动遵义战役，取得长征以来的最大胜利。3 月 4 日，中央革命军事委员会（简称中革军委）决定特设前敌司令部，委托朱德为前敌司令员、毛泽东为前敌政治委员。5 日，前敌司令部从遵义城向西进驻鸭溪，并于下午至晚上在汪家屋基召开会议，准备 6 日歼灭驻扎在坛厂的周浑元部，因周浑元部畏歼，未向鸭溪方向开进而未实现作战目的。

3 月 9 日，中革军委准备再次进攻周浑元部。是日 2 时，军委电令各军军团：周浑元敌今 9 日向长干山、倒流水前进，我野战军今日应进攻该敌。同时命令五军团进至白腊坎待命。3 时，军委发出“关于迂回攻击长干山之敌”的部署：野战军分 3 路迂回歼击长干山之敌人，右纵队红一军团一师经平家寨（今平正）至二郎岩，二师经元宝山、马蹄石至大王寨侧击敌左翼；五军团为中路经枫香坝至倒流水正面迎敌；左纵队红三军团经井坝、火烧坡迂回至二郎岩，侧击敌右翼；各部后方机关 9 日拂晓向花苗田集结，由军委一局局长张云逸统一指挥。是日，敌设在长干山之前哨刚同红军前卫接触，不战自退，回撤到二郎岩下固守坛厂，红军再次未能实现与周浑元作战计划。

根据敌情变化，军委 3 月 10 日作出野战军 11 日放弃遵义，主力集结长干山、平家寨、花苗田寻求新的机动的决定，命令红一、三、五军团在长干山周围活动；九军团在板桥完成阻击任务后，经八里水赶至花苗田与三军团联络。

按照军委部署，3 月 11 日，红五军团集结于长干山、大王寨一线，以一个营佯攻坛厂的敌人，掩护主力集中。红三军团集结于花苗田、枫香坝，向遵义及大渡口方向警戒并游击侦察。军委纵队仍驻花苗田。

3 月 12 日晚，军委纵队移驻苟坝，次日移至青坑。

二进花茂 3 月 16 日至 17 日，红军三渡赤水河。4 天后又四渡赤水。军委 22 日 22 时向各军团发出敌情通报：敌人已获悉红军 21 日早晨渡过赤水河，蒋介石已令川敌郭勋祺部回头跟追。23 日，红三军团东进至遵义苟坝、花苗田，红五军团由官张坝北进至茅台，军委纵队进至火石岗、松林坡。24 日 23 时，军委发出 25 日各军团行动部署，红一军团进到苟坝、两河口地域，并派出一个团进占花苗田，向枫香坝、鸭溪线上的敌人侦察警戒。

27日，敌情发生变化，军委作出新的抉择，把从长干山、枫香坝之间突围改为从鸭溪、白腊坎向西南转移。红九军团转向平家寨、长干山的敌人佯动；军委纵队随一军团后经花苗田进至底坝。

中央红军回师黔北，二进遵义县时，除红九军团在娄山关一线担任后卫外，红一、三、五军团和军委纵队主力转战在北起娄山关、南至乌江边、西南抵泮水、西北至长干山之间，后主力全部移驻以花苗田、苟坝、平家寨、鸭溪为中心的鸭溪、枫香地域。红军三进遵义时，各部队途经县内枫香坝、平家寨、花苗田、泮水、鸭溪、底坝等地南去金沙。其间，红三军团一出遵义县时途经遵义城、牛蹄、松林、毛石坎、山盆、李梓；红九军团一出遵义县时途经茅坡、火烧舟、四面山，二进遵义县转战板桥、高坪、山盆、松林、毛石坎，三进遵义县时在马鬃岭分兵，在平家寨、花苗田等地阻敌。

红军两次进出花苗田，有国共双方电文、红军日记、日志为证。红军电文中，有7封11处提到“花苗田”，国民党军事电文中有2封3处提到“花苗田”。红五军团参谋

红军进驻的岗石台（今红岗组）（2017年）

长陈伯钧的日记有 2 则、中革军委第三局政委伍云甫的日记有 2 则 3 处、遵义会议纪念馆原副馆长费侃如写的《红一方面军长征日志》有 8 则 9 处都记载了“花苗田”。

◉ 开展革命活动

宣传活动 1935 年 3 月 9 日至 12 日，驻花苗田地域的“红南”（部队代号，下同）政治部和“红江”政治部，特地在岗石台（今红岗组）后面的森林内和苦竹林对面空地上搭上戏台，天天晚上为当地群众和红军部队演出文艺节目。演出前，红军文艺工作者先教到场的红军战士和当地群众演唱革命歌曲。当年曾看过演出的农民，解放后还记得红军当年教唱的歌曲，有一首歌名叫《开路先锋》，歌词第一句是“轰、轰、轰，我们是开路先锋！”

红军某部医院人员住在李国贤家。据其子李瑞平介绍，一李姓副营长动员李国贤参加红军，因李国贤母亲已 80 高龄需要照顾而未成行。别时，李副营长以其营长夏连成私章一枚相赠，印章为长方体，刻有“一日山河”字样，落款为“夏连成”。解放后，李国贤担任龙胜村村长，开展剿匪、清匪、反霸、减租、退押、征粮“五大”任务时，遵义军大数名军人到村开展工作收走印章。

红军进驻的沈村沟，今分为永红、红旗、土地、合丰、浪头、坟堡、九子村民组。其中，老瓦房所在的永红等地，解放后曾更名为联丰（连枫）。为维护当地治安，红军将收缴的土匪枪支，集中在老瓦房母大进与母光忠家右侧竹林边烧毁。住在此地的红军开始不知道核桃怎么吃，用菜油煎，反而愈煎愈硬，后来群众告之砸碎就可吃。红军在老瓦房还书写标语，至 2017 年 12 月，母大超家外墙、母大进与母光忠共有堂屋墙壁上仍保存有 4 幅红军标语。

建立群众组织 红军在花苗田、苟坝休整期间，多次召开群众会，帮助建立各种群众组织。中共中央机关报《红星报》曾在显著的位置以《狗（苟）坝抗捐会成立经过》为题，报道这一革命组织成立的情况。

1935 年 3 月 9 日，红军组织花茂群众在南京坝（今属土坝村南京组）进步青年吴廷良（又名吴之平）家堂屋内召开群众大会，成立南京坝革命委员会，选举吴银堂、吴寅生、吴海廷、吴华彬、王洪发为委员，吴银堂任主席。在南京坝沈家坳口组建花苗田陶瓷工人工会，选举吴寅生、吴向南、沈国安、沈泽舟、吴开元、郑海舟、萧树云为委

1984 年，《经济日报》记者罗开富（右二）到花茂采访蔡清云（右一）

员，由吴寅生任主席、吴向南任副主席。选举产生花苗田南京坝农协会，由吴海廷、吴海成、吴建堂、吴德清、赵应清、赵月舟、李树清、王德甫、王占云等组成，由吴海廷任主席、吴海成任副主席。组建以吴银堂为队长的花苗田南京坝赤卫队，上述几个委员会的成员均为队员。

是日，红军发动群众在苟坝水口寺选举成立苟坝抗捐委员会，成员有王胖子（名不详）、熊钰、蔡清云、萧树云，委员会由“王胖子”负责。在成立大会上通过决定：不交军粮军款；不交一切苛捐杂税；反对抽丁当兵；反对拉夫。到会代表一致表态，要把“干人”串联起来，实现大会的决定，准备与国民党团防队展开斗争。会上，红军向群众分发一部分粮食。

打击土豪　驻苟坝、花苗田的红军部队领导了苟坝、花苗田打土豪的斗争。红军在花苗田岗石台蔡清云家设有办公室、收发室和审讯室，各地抓的土豪，都送到这里审查，接受红军处罚的，开给路条释放，有四五个罪大恶极的土豪，审讯后被就地枪决。苟坝、花苗田地区的土豪，惧怕红军打击，带着民团躲进石牛山上。

一天，4 名红军战士把岗石台的苟坝抗捐委员会委员蔡清云接到苟坝红军驻地长五间，一名金姓女干部（金维映）要蔡清云当游击队队长，并给蔡清云一张条子，指示蔡清云配合红军作战。金维映还教给蔡清云一首打游击战的顺口溜，虽然蔡清云一字不识，但一直记得很清楚。“学会编草鞋，背粮带，背水壶，上山顶，占山岭。挖战壕，砌垛子。安大枪，围敌人，捉探子，打土豪。晚上不打亮，不作声。走路老丫丫（树枝），戴丫帽，团结工农积极打游击，不准奸淫掳抢，这条要严格，以上歌诀要记牢，一定要保密。”

红军转移后，土豪劣绅搜捕掉队红军，有26名红军被敌人杀害于蒲家洞内。后被当地开明绅士王佐彬救出3名，存活1名。苟坝抗捐委员会成员熊钰则被残杀于花苗田街口。

救助红军

牟直卿救助张家才 1917年出生于江西省于都县银坑镇羊河村冷水塘组的红军张家才，1935年3月受伤，在枫香坝与部队走散，流落到保海后，被平安乡乡长、开明绅士牟直卿营救。后来，在花苗田岗石台牟世昌（牟直虎）家帮工维持生计。解放后，在花茂村红岗组安家落户。

王佐彬洞中救红军 1935年4月，红军转移后，土豪劣绅搜捕掉队红军，有26名红军被敌人用马刀、梭镖砍杀在偏僻的蒲家洞内。22天后，被当地开明绅士、原国民党区政府的区长王佐彬及其佃户郑南轩、周国富发现。其中有3名红军用自己和牺牲同志所带干粮，以岩滴水解渴活下来，但由于伤势过重爬不出洞。第二天一早，王佐彬等人带着马索，套上背篼，将存活的3名红军救出。1名红军伤员因伤势过重，当即牺牲在洞口。另1名红军伤员也因伤势过重、饥饿时间过长，一顿饭后便牺牲了。只剩下1名红军，江西人，名叫帅元顺，后改名李先帅，住在王佐彬家里。经王佐彬请医生精心治疗，慢慢恢复健康，幸存下来，给王佐彬家当长工10余年，并结婚安家。1947年，王佐彬去世。遵义县解放后，花苗乡开群众大会时，有人提出要斗争王佐彬的后人。李先帅为其作证，王佐彬后人未受批斗。1961年，李先帅在保海村跃进组去世。1968年8月，花茂公社将在蒲家洞牺牲的红军贵遗骸迁葬在平心组茶山堡。

陈绍奎口吮脓血救红军 1935年4月初的一天，50余岁、家住花苗田的陈王氏和其子陈绍奎救助了一名受伤的名叫“老王”的红军，江西人。几个月过后，老王的伤口一直未愈合，脓血不止。陈绍奎不顾脏臭，口吮脓血，并用土法将老王伤口里的子弹取出。一个月后，老王的伤口愈合。为感谢陈绍奎母子的救命之恩，老王和陈绍奎结拜为兄弟，共同租地耕种，侍奉陈王氏。后来陈绍奎母子才知道，老王真名叫葛尚银，是江西于都葛坳乡枣子排村人。在陈绍奎母子的帮助下，老王在花苗田安家。解放后和江西亲人接上了关系，1950年去世。

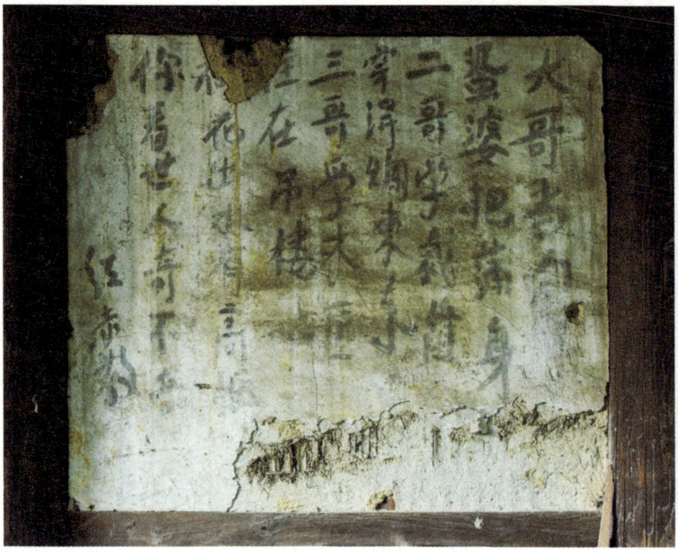

龙坑组长堰王文言住房屋后灰壁上红军标语

万里组余显平住房屋红军标语

◉ 红色遗址

红军标语 红军在花苗田家家户户墙壁上都书写了标语，共有六七百幅，以今村域范围计，在黔北为最多。由于自然脱落和群众建房拆毁，至 2017 年，仅 9 户人家墙壁上存 29 幅，但花茂村仍然是播州区保存红军标语最多的村。29 幅标语分别为：龙坑组长堰王文言住房屋后灰壁上 3 幅，永红组老瓦房母大进与母光忠家堂屋 2 幅，永红组老瓦房母大超住房外墙上 2 幅，沙堰组鲁瀛（号屏周）故居外墙上 3 幅，红岗组蔡清云堂屋墙壁上 5 幅，红岗组王照怀与李平德共有堂屋 1 幅（李平德一侧），万里组余显平堂屋墙壁 3 幅，九子组杨家大院杨本宽住房楼上 7 幅，九子组杨家大院杨茂贵家堂屋 3 幅。

所写标语通俗易懂，如“红军到，干人笑，绅粮叫。白军到，干人叫，绅粮笑。要使干人天天笑，白军不到红军到。白军弟兄拖枪跑，拖了枪跑回头跑，打倒军阀妙妙妙！”“当红军的好处：吃得饱，穿得暖，有自由，讲道理，家里有田分，讨老婆不要钱。当白军的坏处：吃不饱，穿不暖，无自由，不讲道理，家里干得不得了，一世讨老婆不到手。”在九子组杨大宽家墙上的标语旁边，还配有几幅漫画。

花茂红军烈士墓 1968 年 8 月，花茂公社将在蒲家洞牺牲的红军遗骸迁葬在平心组茶山堡。该墓坐北向南，共葬有 26 具红军遗骸，其中蒲家洞迁葬 23 具、刘家港周家大田河沙坝迁葬 3 具。占地 608 平方米，呈圆形，高 1.4 米，直径 4.8 米，墓基直径 9 米，墓前有 2 步石梯。建墓时刻有碑文："成千成万的先烈，为着人民的利益，在我们的前头英勇地牺牲了，让我们高举起他们的旗帜，踏着他们的血迹前进吧！"碑中正文："红军烈士永垂不朽。"两侧对联："为有牺牲多壮志，敢教日月换新天。"鉴于墓碑损坏，2015 年 5 月，枫香镇人民政府重置墓碑。

花茂红军烈士墓（2017 年）

陈绍奎后人新居

美丽乡村建设

花茂人民勤劳智慧，耕耘着这片沃土，把花茂建设成为全国闻名的“美丽乡村”。村内存有151间传统民居，其中不乏百年以上老宅，具典型黔北农居特色。改革开放后，随着经济的发展，花茂村基础设施发生巨大变化。2003年开始，花茂村开展富在农家、学在农家、乐在农家、美在农家的“四在农家”创建活动，人居环境得到改善。2014年至2015年，整合项目资源，点、线、面结合，以示范带动全村“四在农家·美丽乡村”建设，提升花茂村形象。2016年1月，获“2015最美红村”称号。多家新闻媒体对花茂村进行报道。2016年10月，农业部授予“中国美丽休闲乡村”称号。

沙堰农业综合开发引水工程（2017 年）

◉ 水利建设

关堰水库 1958 年冬，实行组织军事化、生活集体化，劳动不计报酬，在全区抽调人员，始修建关堰水库。库容 8 万立方米，集水面积 6.8 平方千米，年底竣工蓄水。次年春遭受洪灾，堤坝决堤一半。1973 年冬，花茂大队重新修筑水库，各生产队抽调人员评工记分，回生产队领取报酬。是年底，工程竣工。1974 年 5 月 11 日，堤坝又被洪水冲垮。是年冬，花茂公社党委决定再建关堰水库，成立专业指挥部，由花茂大队主任陈友伦负总责，县水利局派专业人员技术指导，县粮食局拨粮食 1 万千克。花茂群众“三战”关堰，中午吃饭休息只用 40 分钟。经过全大队干群的苦干实干，水库于 1975 年 10 月建成，解决花茂大队的农田灌溉问题。2002 年，县水利局拨款 20 万元，对水库大坝进行保险加固，坝高从原来的 13.8 米提高到 15 米。修筑迎水坡 580 平方米，拓宽溢洪道 3 米，新安装半径 300 毫米的闸门一个，库容量达 10 万立方米，为小（2）型水库。从关堰水库引水至杨绿溪堰塘，再由杨绿溪引水至花茂村，有效灌溉面积 800 余亩。

关堰水库（2017年）

杨绿溪山塘（2017年）

白泥大沟　1963年10月，由花茂公社花茂大队白泥生产队与合丰生产队群众投工投劳，县水电局投资炸材修建。从苟坝大队的苟村引白腊河水经白泥至合丰生产队，沟渠总长3.7千米。1964年由九子、李子生产队和土坝大队南京生产队群众投工，从合丰生产队的坳口延伸至南京生产队。总长2千米，其中安装6英寸（约15.24厘米）倒虹管167.5米。1967年，因管理不善，导致九杵屯至南京生产队沟渠停止使用。1989年冬，政府投资3.6万元，白泥、合丰、九子3个村民组受益农户按每个土地承包人口集资15元，修建50厘米×50厘米防渗渠道5千米，群众投工搬运水泥和石粉，累计投工4000余个。1990年5月竣工，有效灌溉面积400亩。

人畜饮水工程　工程取水点在苟坝村新房子泉水点，为自流水。1998年申报立项，1999年施工建设，2001年供水，日供水量349.65立方米，受益人口3800人。总投资40万元，由枫香镇水利站组织实施。村委会成立由吴锡明为会长的花茂村人畜饮用水工程

协会，负责对此工程的管理和维护。2007 年 7 月，县水利局拨款 8 万元对工程进行改造，工程受益人口增至 4000 余人。

山塘　中华人民共和国成立后，境内不断开展农田水利建设，修山塘、筑水库、坡土改梯土、小丘改大丘，共修山塘 15 口，除沙堰组的沙堰消失外，九子堰、弯弯头堰、水猫堰、李子湾堰、堰湾堰、黎子沟堰、堰上堰、新房子堰、通达沟堰、苟村沟堰、木枯堰、小湾堰、二大堰、杨绿溪堰总蓄水量 7.8 万立方米，灌溉面积 630 亩。其中杨绿溪堰最大，可蓄水 4.5 万立方米，红岗、万里、长征、联合、同心、平心、中心、龙坑组受益。

生态河道　白腊河花茂村段河道全长 3 千米，上自白泥片区龙孔水，下至中心组桥上。2014 年至 2015 年，河道两岸用奇形异石镶成护堤，河道边铺设 2 米余宽的柏油路，路旁种植 3 ~ 5 米高的垂柳和杨槐。阵阵槐香扑鼻而来，清晨、傍晚散步人群络绎不绝。转角处建木质凉亭，游人在此驻足纳凉，清澈的河水里鱼儿成群游戏，引来游人滞留观赏。河道边田间绿油油的蔬菜，金黄色的油菜，呈现一片天然生机。漫游生态河道，享受自然风光。

2017 年花茂村山塘情况表

表 4

山塘名称	修建时间 竣工时间（年）	修建时所在 村民组	占地面积 （亩）	管护组	户数 （户）	人口 （人）	灌溉面积 （亩）
九子堰	1952—1953	九子	0.95	九子、坟堡	69	309	16
弯弯头堰	1956—1957	九子	0.6	坟堡	30	120	40
水猫堰	1950—1951	大石	1.70	土地	33	142	11
李子湾堰	1957—1958	李子	1.50	浪头、土地、大石	26	125	14
堰湾堰	1965—1966	永红	1.60	永红	65	267	25
黎子沟堰	1970—1971	红旗	0.70	红旗	56	227	13
堰上堰	1967—1968	合丰	3.00	合丰	97	391	35
新房子堰	1957—1958		1.50				37
通达沟堰	1974—1975		2.51				45
苟村沟堰	1962—1964	沙堰	1.73	沙堰	44	179	13
木枯堰	2015		2.64				17
小湾堰	1970—1971	同心	1.81	同心	59	229	27
二大堰	1955—1957		1.60				29
杨绿溪堰	1953—1955	红岗	5.00	红岗、万里	134	570	58

治理后的白腊河（2016年）

花茂街东面弃用的古道（2017 年）

古道遗迹（2017 年）

◉ 交通建设

道路

境内古道从鸭溪出发经水洋沟进入花苗田，再经苟坝、纸房、保海、鸭竹坎、干溪，过楠木坝、火儿坎、中枢到茅台。1935 年春，中央红军经此道进入村境并至苟坝。1956 年、2003 年，分别建成穿越境内的枫花公路、枫纸公路。后陆续修建通组公路。

枫花公路　西起枫香小学，东至花茂街上，跨经枫胜居、枫元、花茂 3 个村居。全长 6 千米，路面平均宽 4 米。1956 年，区财政补助炸材款 2000 元，群众投工 1.03 万个始建，并于当年建成通车。1999 年，镇财政拨款 10 万元，群众投工 2000 个，对该路进行第一次改造，路面平均宽 5 米，为泥石路面。2003 年年底，财政部拨款 94 万元，市财政匹配 20 万元，镇财政匹配 28.5 万元，群众集资 12.5 万元，共计 155 万元，对该路按省颁四级泥石路标准进行第二次改造，改造后路基宽为 6.5 米，最大纵坡坡度为 12°，最小平曲线

枫纸公路沈村段（2018年）

半径12米。2009年12月油化。该路改造后，开通枫香至花茂、枫香至纸房的客运，方便沿途村民出行，受益群众1万多人。

枫纸公路 南起枫元路口，北至纸房，横贯枫元、土坝、花茂、苟坝、

枫花公路白泥段（2018年）

纸房。2003 年，县政府拨款修建此条运煤公路。2004 年竣工，全长 15 千米，宽 8.5 米，为泥石路面。2009 年，政府投入 980 万元油化该公路。2014 年，运煤公路改道，此路作为枫元—苟坝—花茂景区的主要道路。

1957—2005 年花茂村通组公路一览表

表 5

公路名称	修建时间（年）	长度（千米）	路面宽度（米）	路面类型
街上至沙堰	1957	1.53	5.00	泥石
杨绿溪至红岗	1974	0.80	4.00	泥石
花茂至苟坝街上	1974	3.80	4.00	泥石
红旗至李子	1992	3.80	3.50	泥石
九子至坟堡	1993	1.23	4.00	泥石
平心至刘家湾	1998	0.55	4.00	土路
花茂街上至龙坑	1999	1.86	5.00	泥石
红旗至母家湾	2003	0.20	4.00	泥石
白泥至红岗	2003	0.80	3.50	土路
红旗至永红	2005	0.15	3.50	泥石
关井至白泥	2004	0.70	3.00	水泥路
花茂村中心组进寨路	2005	0.88	3.00	水泥路

2010—2017 年花茂村通组公路建设项目一览表

表 6

项目名称	建设年度	长（米）	宽（米）	总投资（万元）	财政奖补资金（万元）	其他资金（万元）	群众投工折资（个）
合计		13925.10	—	715.75	444.14	231.88	39.73
原沈村小学至李子组通组路硬化	2010	1348.10	3.30	31.94	19.50	8.74	3.70
红岗组杨绿溪至杏家坡机耕道	2012	2112.50	4.30	131.78	129.73	—	2.05
枫花公路至万召生、万召军等户通组公路硬化	2015	117.50	3.58	3.11	2.25	0.56	0.30
枫花公路至桐子堡通组公路硬化	2015	306.00	3.89	6.92	6.92	—	—
街上村寨办公室至花苟公路通组公路硬化	2016	166.00	4.50	10.01	4.15	5.23	0.63
街上村寨红岗断头路硬化	2016	150.00	4.00	10.80	3.75	6.45	0.60
白泥村寨通组路硬化	2016	2226.00	4.00	104.13	74.41	24.42	5.30
中心村寨通组路硬化	2016	997.50	4.00	59.87	32.82	22.82	4.23
枫花公路至母大章等户进寨路硬化	2016	1116.20	4.00	53.04	33.75	17.09	2.20
李子至南京公路两侧沈玉平等户通组公路硬化	2016	575.90	3.98	33.25	6.75	25.00	1.50
沈小红户至王志亮户通组公路硬化	2016	385.80	3.95	37.74	8.55	28.39	0.80
田坝至李定国户通组公路硬化	2016	943.30	3.98	38.74	24.12	12.72	1.90

续表 6

项目名称	建设年度	长（米）	宽（米）	总投资（万元）	财政奖补资金（万元）	其他资金（万元）	群众投工折资（个）
刘家湾村寨枫乐公路至王勤等 29 户通组路硬化	2017	1486.00	3.50	75.74	41.61	27.63	6.50
刘家湾村 23 户通组公路硬化	2017	781.00	3.50	51.64	21.87	25.87	3.90
街上村寨万里路 21 户通组路硬化	2017	1213.00	3.50	67.04	33.96	26.96	6.12

桥梁

境内主要有接灵桥（又名吉林桥、杰灵桥、吉灵桥）、顺然桥、平桥、田坝桥、跳墩桥和九丰桥。

接灵桥 位于桥上村民组境内白腊河上。建于清嘉庆年间（1796—1820），因传有“地理先生”曾从青坑九龙山“撵龙脉”至此，取迎接其“灵性”而得名。初为单孔石拱桥，桥下拱顶悬挂一柄“斩龙剑”。桥旁建有一座字库塔，有专人收集废字纸烧于塔

枫乐路花茂段（2018 年）

内。2003年，修建枫香至乐山公路时扩建，桥墩仍为青石，双孔，钢筋混凝土桥面。桥长16.8米，宽7.8米，高3.7米。

顺然桥 位于龙坑组。3孔平桥，建于20世纪80年代末，钢混结构建筑。桥长13米，单孔跨度4米，桥高4米。

平桥 龙坑组、车塘组间要道。建于20世纪初，石砌2孔平桥。21世纪初改建为钢混结构。桥长9米，单孔跨度4米，桥高3米。

田坝桥 花茂村桶井组、红岗组间要道。2孔平桥，建于20世纪80年代中期，钢混结构。桥长9米，单孔跨度3米。

跳墩桥 花茂环山组、红岗组间要道。清末牟姓、王姓邀乡邻所建石桥。3墩4孔桥，桥墩间铺大石板作桥面。20世纪60年代被冲毁，刘元清、母正德牵头恢复。经30年洪水冲刷，基础严重损坏。1997年，由红岗、白泥组李、牟、张、潘、何、陈、王、袁、刘、母等姓人氏合力重建，桥面改建为钢混结构。桥长11米，单孔跨度3米，桥

花茂接灵桥（2017年）

高 3 米。存有建桥碑记（参见本志“艺文　杂记 · 碑记 · 跳墩桥碑记”）。

九丰桥　原名合心桥，车塘、洋塘组于 2007 年 2 月由乡人筹资、投工所建。碑文记载：“中心堰坎河滩宽，无桥过河苦难言。小雨人畜涉水过，大水欲往望河叹。两岸民众协心力，踊投工钱把桥建，百年梦幻成现实，人民得惠尽开颜。”2015 年改建为单孔石桥，桥长 22 米，单孔跨度 15 米，桥高 6 米。存有建桥碑记。

其他设施　在 2014 年至 2016 年“四在农家 · 美丽乡村”建设过程中，将境内主要道路枫纸公路、枫花公路重新油化，将通组路及串寨路、进户路硬化或油化，使道路平实、通畅。主要道路路旁安装各式路灯（含太阳能 220 伏电源）总计 500 多盏。主要公路上行车线、斑马线整齐划一，停车场、停车位标识线齐全清晰。在主要道路两旁安装花坛 534 个并全部栽上花卉。建成用石板铺装的观光游园路 1 条，游园寨门 1 座，游园路上建防腐木栏杆和水泥仿木栏杆各 3 道；游园路旁建睡莲池 2 个，栽植睡莲 2000 株，建花箱 4 处。此外，将境内白腊河道边铺设 2 米余宽的柏油路。建生态停车场 1 个，有停车位 28 个。

九丰桥（2017 年）

◉住房建设

传统民居 旧时，境内住户常以宗族、亲缘关系，少则几家，多则数十家聚居；多数无地或少地者，租佃地主田地耕种，在耕地处建房居住；村寨房屋选址多依山傍水，或背山面坝，讲究水井屋基、向阳背风，房屋前后常栽果树竹木。农村住宅，清代初期多为茅草房，即筑土墙或以竹木为壁，上以茅草、稻、麦草盖顶，房门低矮，窗小采光差。极贫人家则以窝棚（称千脚落地）栖身。随着社会经济的发展，清代中叶至民国时期，农村住房由茅草房向木瓦房演变，民间称为“高架房”或“川斗房”，高度多为一楼一底，常为一丈五顶八、一丈九顶八、二丈一顶八；长度有四列三间或长五间，另加偏厦和厢房为“三合头”,“三合头”加下厅即为“四合天井”。川斗式木排结构，有五柱、七柱、九柱之分，下层以木板装壁，上层以竹夹壁，抹以黏土，再涂石灰浆，俗称“灰壁”。富裕之家在木板壁上加土漆，呈暗红、黑、棕等色，与上部白色灰壁、青瓦、白灰屋脊、檐口相映衬，别具风格。做功好的灰壁白如雪、平如镜，有的在四角绘以图案花纹，上百年也不脱落。“四合天井”一般都有龙门（大门，当地俗称“朝门”）、石院坝、青石坎。

建于清道光、咸丰年间（1821—1861）的药铺院落，位于今药铺组，为迁居花茂刘姓第八代刘照明（字晓东）所建，是当地典型的传统院落。刘晓东人称“刘孔明”，系当地开明士绅、著名郎中。药铺院落占地 4 余亩，为 3 个四合院。院落布局呈阶梯状分布，其中 2 个四合天井院落有朝门；房屋结构为二层木瓦结构。1935 年，中国工农红军长征进驻花茂，一部分红军驻扎药铺，在院落板壁和灰壁上书写了许多标语。20 世纪 60 年代，“四清”工作队将部分写有红军标语的板壁拆走，交有关部门保存。“文化大革命”时期，宣传人员在院落墙壁上书写毛主席语录，今部分仍存。60 年代至 80 年代，药铺是生产队群众集会的地方，春节花灯、龙灯等活动均在此举行。后因部分房屋无人居住，院落逐渐破落。2016 年“四在农家”建设过程中，修建一条 4 米宽水泥路，由枫（香）纸（房）公路分支直通药铺组。刘晓东第七代孙刘仕兴继承祖业，开办药铺诊所。

至 2017 年，花茂村仍存有木瓦式民居 151 幢。其中，红岗组 15 幢，蔡茂福、张生怀家墙壁上有红军标语；万里组 7 幢，余显平家墙壁上有红军标语；环山组 4 幢；药铺组 2 幢，刘跃永家墙壁上有“文化大革命”时期标语；上寨组 9 幢；水井组 3 幢；桶井

花茂街上陈正华房屋，高 6.2 米，村民王正奎建于 19 世纪 80 年代（2017 年）

上寨组曹家老房子，由曹友乾、曹在良兄弟在 1949 年年初建成，房高 6.55 米，二层木楼，方柱长五间，今为曹邦亚、曹平居住（2017 年）

组 2 幢；沙堰组 2 幢，鲁海洋家墙壁上有红军标语；刘家湾组 2 幢；平心组 4 幢；龙坑组 7 幢，王文言家墙壁上有红军标语；联合组 1 幢；长征组 5 幢；合丰组 19 幢；永红给 32 幢，母大进、母光忠共有堂屋墙壁上有红军标语，母大超外墙上有红军标语，黄在国家堂屋墙壁上有"文化大革命"时期标语；九子组 12 幢，杨本宽家墙壁上有红军标语；坟堡组 1 幢；大石组 5 幢；车塘组 9 幢；洋塘组 3 幢；桥上组 3 幢；土地组 4 幢。

民居改造 解放后，通过土地改革，没收地主阶级的房屋，分给贫困的农民，结束贫困农民无房或居住窝棚、岩洞的历史。20 世纪 50 年代初，农民有了自己的土地和山林，境内部分村民自建房屋，房屋结构多为木瓦结构和土木结构。1962 年后，由于贯彻中央"调整、巩固、充实、提高"的八字方针，经济复苏，农村再次掀起建房高潮，

红旗组黄再国黔北民居龙门（2017 年）

多数为木架房和筑土墙房，富裕人家以小青瓦取代草屋顶。改革开放后，随着土地承包责任制的实行，农民改造居住环境的积极性进一步高涨，新建“三合头”、纯木结构的“高架”式房屋已极少见，多以砖木、砖混结构取代。屋基选址日趋分散，单家独院者居多。平房逐渐被楼房取代，通风、采光、舒适度大有进步；外墙装饰瓷砖、玻璃窗户、设计有阳台的砖混楼房，随处可见。

2014 年至 2016 年，对白泥片区花茂陶艺文化创意一条街 44 户居住房进行升级改造。根据浙江大学生态规划与景观设计研究所的规划方案，对房屋进行立面处理、房屋吊顶和庭院地面铺砖；此外，农户庭院中建葡萄架 5 个，建设朝门 17 座。至 2017 年，花茂村 800 多幢黔北民居焕然一新，不但融入小青瓦、坡屋顶、转角楼、三合院、雕花窗、白粉墙、穿斗坊七大元素，还融入翘檐、垛脊、吊脚楼、美人靠等传统元素。

◉“四在农家”创建

创建概况 2003 年年初，村“两委”组织村民组长 20 多人到余庆县参观“四在农家”（富在农家、学在农家、乐在农家、美在农家）建设成果。是年，枫香镇选择枫元村、青坑村、土坝村、花茂村作为试点推行。2004 年，花茂村率先在白泥村民组开展

红旗组黄再国黔北民居（2017年）

侯光富民居龙门

“四在农家”建设，遵义县挂帮单位遵义县供电公司补助3万元，镇人民政府投资3万元，群众集资3.5万元，投工3000余个，硬化3.5米宽进寨路3000米、1.5米宽串寨路3000米、0.8米宽联户路1200米，砌堡坎500立方米，粉刷房屋100户，修建庭院围墙200米，改厕、改灶20户。县妇联表彰该村民组“美德在农家”示范户5户、“致户能手”2名。2005年，花茂村中心组开展“四在农家”建设，镇人民政府投资2.67万元，群众集资1.56万元，由群众投工，硬化3米宽进寨路880米、0.8米宽串户路500米；粉刷屋脊5233.2米；砌围墙719.5米；建花池70.5米。是年7月12日，在花茂村白泥村民组“四在农家”创建点举办由贵州师范大学求是学院社会实践服务队、枫香老年舞蹈队、枫香小学、花茂小学参加的“三下乡”文艺会演。2007年，花茂村被列为遵义县社会主义新农村建设示范点。

2013年11月，贵州在全省推进“四在农家·美丽乡村”创建活动，总投资1510亿元，实施“小康六项行动”（小康路、小康水、小康房、小康电、小康讯、小康寨）计划，即“四在农家”升级版。遵义县在“四在农家·美丽乡村”创建中，按照“1＋5＋5”模式打造新农村升级版，即坚持一个总体规划引领，实施净化、美化、文化、产业化、精细化“五化”工程，推进环境、管理、文化、产业、便民服务“五项”升级。枫香镇按照此建设规划及要求，聘请浙江大学生态规划与景观设计研究所专家现场考察，进行详细规划。2014 年至 2015 年，整合项目资源，点、线、面结合，以示范带动全村“四在农家·美丽乡村”建设，按照“五化”“五升级”要求，打造花茂“四在农家·美丽乡村”升级示范区；公路沿线平房提尖盖瓦查缺补漏，利用“一事一议”财政奖补示范村寨项目，全面实施庭院整治、环境卫生整治、庭院绿化，对花茂街上路面进行改造，巩固“四在农家·美丽乡村”建设成果，提升花茂村形象。

净化工程 2014 年至 2015 年，在“四在农家·美丽乡村”创建活动中，通过改水、改厕、改灶、改圈，对住户进行庭院绿化整治，科学划定水源保护区，启动生态修复项目，在片区党员群众之家建公厕 1 座；境内建固定式、永久性垃圾收集池 10 座，配垃圾箱 10 个，垃圾桶 99 个。垃圾车、手推车覆盖全村，定期收集垃圾，转运到垃圾填埋场处理。同时，还完善村级排污管网，建设农村污水生态处理系统和集镇垃圾中转站。2014 年后，推进环境升级。以清洁家园行动为抓手，充分发动干部群众，对示范区沿线公路、河道白色垃圾、建筑垃圾、垃圾广告、房前屋后乱堆乱放进行清理整治，完善卫生设施、污水处理设施，建立村寨卫生管理长效机制。在示范点内改建垃圾池 3 个，安装果皮箱 12 个；新建旅游公厕 1 座、修建污水集中处理设施 2 处，对示范点公共区域实行长期保洁，在示范点开展庭院卫生评比活动；圈舍、石棉瓦棚整治 46 户。2015 年，制定卫生管理制度，落实卫生管理经费和公共区域保洁人员，在示范点开展“文明卫生户”评比活动，规范群众文明卫生行为，提高群众文明卫生意识，使村容村貌长久保持整洁。

美化工程 2014 年至 2015 年，按照乡村、文化、产业、低碳、绿色和可持续发展理念及“一村一品”“一线一特”总体要求，依托苟坝会议红色革命遗址和花茂陶艺文化及土坝田园、枫元乡村风光，打造枫元—土坝—花茂—苟坝具有红色旅游、乡土文化特色的乡村休闲旅游带。在白泥示范点民房上安装灯笼夜景灯 200 盏，栽植公路景观花卉 574 盆，在公路沿线和示范点种植花卉 40 余亩。电力线入地 105 千米；通信电缆入地 300 米。安装太阳能路灯 163 盏。建防腐木宣传栏 2 处。公路沿线及花茂陶艺文化一条街挂灯笼 2540 个。

九子组现代民居（2017 年）

花茂湿地公园（2016 年）

文化工程

2013年至2017年，在白泥十字路口建陶艺文化创意街区入口标志1座、600平方米的文化墙1面；在交通要道安装宣传牌20余块；在白泥、沈村、刘家湾各建1个农民文化家园。所建农民文化家园，既有红色文化内涵，又有乡土文化特色，既注重色调搭配统一，又考虑个性搭配；同时注重精神文明和农村公共服务体系建设，充分整合农村党员群众之家、农民文化家园项目，将远程教育室、道德讲堂、图书室、篮球场、健身场地、文化宣传专栏整合在一起，为群众学习、休闲、娱乐、说事等提供平台，进一步丰富广大农村群众的业余文化生活。

白泥农民文化家园 占地2300平方米，投资280万元，2013年开工，2014年4月初建成并投入使用，后不断追加投资提升打造。有公厕1座、停车场1个；有房屋1幢，即白泥片区党员群众之家，建筑面积320平方米，含道德讲堂、便民服务店、图书室、

白泥片区新民居（2016年）

视频监控室、智慧社区管理平台、党员活动室等；有篮球场 1 个、健身器材 1 套；有陶艺景观 2 处、水井景观 1 个；有宣传墙、宣传栏等设施；有龙灯队伍 1 支、群众舞蹈队 1 支。能组织开展区域性文化活动，是白泥片区党员、群众举办文体活动、学习的地方，可提供生活物品、信用服务。有泥塑土陶大酒壶等聚集的综合性文化广场，其中土陶产品滴水文化墙水池内建有一尊范蠡石雕像。2015 年、2016 年春节，花茂村白泥片区群众自筹资金举办两届春节晚会，地点均在党员群众之家。2016 年 2 月 22 日，贵州省举办“四路花灯闹元宵”大型文艺直播晚会，花茂村白泥片区党员群众之家为北路直播分会场。

沈村农民文化家园 建于 2016 年，占地 1500 平方米。有房屋 1 幢，建筑面积约 600 平方米，有篮球场 1 个、健身器材 1 套、公厕 1 座，为沈村片区群众文体活动场所。

刘家湾农民文化家园 建于 2017 年，占地面积 2600 平方米。有篮球场 1 个、停车

花茂白泥片区党员群众之家（2017 年）

刘家湾篮球场（2017 年）

场 1 个、公厕 1 座，有老年幸福园 1 座（利用民房建设，户主自己管理），有群众舞蹈队伍 1 支，为平心片区群众文体活动场所。

◉组织建设

组织发展 1939 年，中共地下党员张兴、汪素从外地来到花茂，以教师身份作掩护开展革命活动，培养积极分子牟光远、王照明，并发展吴廷良入党。在花茂期间，张兴、汪素经常出入郑国兵、王照谊家，与二人交情甚深。张兴和汪素还经常教时年 12 岁的郑龙君唱进步歌曲，讲革命故事。1941 年，由于国民党大肆搜捕革命人士，张兴、汪素无

花茂村办公楼（2017 年）

法继续开展革命活动，被迫离开。

1949 年 11 月 21 日，遵义县解放。同月 28 日，接管枫香国民党旧政权，建立人民政权。12 月，组建中共第七区委员会。1953 年 5 月，建立中共花苗乡党支部。1955 年 4 月，改称中共花茂乡党支部。1958 年 11 月改设为中共花茂管理区党总支部，辖花茂大队等生产大队党支部。1958 年 10 月，花茂村改建为花茂生产大队，建立党支部。1961 年 1 月，沈村大队建立大队党支部。

1984 年 5 月，大队改为村，花茂大队改建为花茂村，沈村大队改建为沈村村，分别建村党支部。

1992 年 10 月，撤区并乡建镇，建立中共枫香镇委员会，今村境花茂村党支部、沈村村党支部隶属中共枫香镇委员会。1993 年 6 月，沈村村党支部并入花茂村党支部。1998 年 2 月，中共枫香镇委员会下设花茂片区总支部，花茂村党支部隶花茂片区党总支。2003 年 2 月撤片区党总支部，建花茂村党支部。有党小组 2 个，正式党员 89 名，其中流动党员 10 名，女党员 9 名。2016 年 9 月，花茂村建党总支部，下辖街上党支部（党员 35 人）、白泥党支部（党员 30 人）、红旗党支部（党员 37 人）、烟草合作社党支部（党员 9 人）。

获得荣誉　2001 年 2 月，中共遵义

花茂村所获部分奖牌（一）

花茂村所获部分奖牌（二）

市委、市人民政府授予花茂村“1998—2000年度文明单位”称号；2002年5月，中共遵义县委授予花茂村党支部农村“三个代表”重要思想学习教育活动“先进党支部”称号；2014年3月，遵义县关心下一代工作委员会和精神文明建设指导委员会授予“三年基层工作年”争先创优“先进集体”称号；2016年5月，中共贵州省委党的建设工作领导小组授予“全省党建扶贫示范基地”称号；2016年6月，中共贵州省委授予“全省先进基层党组织”称号；2016年7月，中共遵义市委授予“先进基层党组织”称号，中共中央授予“全国先进基层党组织”称号。

2017年2月26日，中央电视台新闻频道《新闻直播间》栏目以“直击组织生活会·贵州花茂村：让乡亲们笑得更灿烂”为题，报道花茂村党总支召开专题组织生活会的情况。

2017年4月，花茂村党总支书记潘克刚当选中共十九大代表。

产业发展

花茂村的产业发展主要体现在陶瓷产业、现代农业、旅游产业。陶瓷是花茂村的传统特色产业，已有一百多年历史，最早由四川人曹廷海迁居村境创办。1949年后，由陶艺作坊组织合作社，生产日用陶瓷制品，为茅台酒厂生产酒瓶、酒坛。1996年，母先才创办桶井陶瓷厂，2005年改名为母氏陶艺馆，在传统土陶生产基础上进行更新与发展。21世纪10年代初，花茂村流转土地2500余亩，引进山东省寿光市九丰公司建设花茂蔬菜现代高效农业园区，引进贵州顺然生态农业开发有限公司建设顺然农场大健康养生产业园，在家庭联产承包责任制的基础上建立鸭枫烤烟合作社。高效农业推进经济发展，又促进了旅游业的发展。通过农旅文融合，一、二、三产融合，产业与生态融合，农业园区逐步建成农旅文一体化示范，把当地农民变成新型农民、产业工人、园区主人，助推花茂村精准脱贫与率先小康。

◉ 陶瓷产业

陶瓷起源 陶瓷分红陶、白陶、沙器三种，境内陶器为红陶。红陶宜产缸、罐、坛、钵，釉红色，主要分布在花茂村原白泥组、中心组、合丰组、龙丰组、李子组。清光绪十六年（1890），四川人曹廷海到境内花茂沈家坳口开办陶瓷作坊，生产日用陶瓷产品，主要制作陶罐系列，后来搬至花茂白泥。其作坊是当时开办较早的陶瓷作坊。曹家陶瓷厂相继招收当地青年为学徒，传授陶瓷技艺，为花茂的红陶产业发展奠定基础。此后，毛姓人家到花茂村白泥组与合丰组交界的金竹窝居住，开始使用本地白泥烧制陶碗；当地方家人也相继开办方家碗厂。由于日用陶瓷制品的需求增加，方家碗厂改为生产日用陶瓷产品。

陶瓷业发展 解放后，对私营工商业进行改造，于1956年组建花茂红陶社，由浒洋水杨兴武、龙丰杨浩然、李子沈国安、桶井王吉云、白泥曹明楷、合丰方世云、罗石堰胡明刚、中心组新厂共8家陶瓷作坊组成，并将其财产折价入股，工人交纳股金。时有股民77人，每个股民入股3元，厂部设在白泥组桶井，是当时境内最大的陶瓷生产企业，其余各分厂仍在原址生产。1958年，该厂转为地方国营工厂，更名为遵义县地方国营花茂陶瓷厂。是年，花茂陶瓷厂为茅台酒厂生产酒瓶及酒坛。1960年，办为遵义县花茂陶瓷合作工厂，隶遵义县工业局管辖。1964年，花茂陶瓷厂将分散的各间分厂集中于合丰组金竹窝建厂。

废弃陶瓷窑（2017年）

1958 年，时枫香基层人民公社抽调花茂陶瓷厂工人创建青坑红陶厂，由李仁德任厂长。不久，工人撤回花茂陶瓷厂，青坑陶瓷厂停办。此后境内大型陶瓷工厂仅存 1 家。20 世纪 70 年代后，花茂境内白泥生产队、中心生产队、沈村大队相继创办陶瓷副业厂。其中，以白泥生产队参与人员最多，影响最大。当时，白泥在南白镇关门山处从业土陶生产的有李忠福、刘云贵，在金沙县马场处从业土陶生产的有曹在乾、曹在良、曹在坤、曹在明、母廷楷、江治明。在本地从事土陶生产的有曹明楷、曹在国、刘云付、母廷华、母廷均、母光明。

改革开放后，允许个体工业自行生产经营，加上花茂陶瓷厂管理及生产技术落后等因素，花茂陶瓷厂于 1984 年年底停产，工人全部回家开办个体陶瓷作坊。时花茂境内有个体陶瓷窑炉 40 间，分布于中心组、白泥组、合丰组、龙坑组、龙丰组、红岗组。每间窑炉由数个家庭联合生产，一时花茂陶瓷生产盛行，很多农户均以加工陶瓷为业，周边群众运陶瓷产品到鸭溪、松林、泮水、马蹄、乐山、干溪、仁怀长岗等集市上，摆摊设点进行销售。农闲时，境内部分村民担窑罐（陶瓷产品）到毗邻乡镇，走村串户销售。20 世纪 80 年代陶瓷生产成为当地村民的主要经济来源和副业收入，每户家庭此项收入近万元。21 世纪初，由于工业日用品发展较快，对土陶产品的需求急剧下降，境内陶瓷厂纷纷停产。至 2007 年，个体生产经营者仅存 1996 年创办的桶井陶瓷厂（2015 年更名为母氏陶艺馆）。2014 年，九子组村民杨本宽建砂罐厂。2015 年 10 月，遵义花茂盟鑫土陶工艺品制造有限公司成立，制作、经营陶罐。

废弃阶梯窑（2014 年）

花茂红陶厂厂徽

花茂陶瓷厂废弃厂房（2014年）

1984年花茂境内联合体陶瓷窑炉分布情况表

表7

村民组	窑炉数（个）	户数（户）	农户
龙坑组	1	1	刘元松
红岗组	1	2	彭元孝　彭元明
中心组	7	3	潘大典　张治国　王天华
		2	胡泽云　胡全
		1	胡适礼
		1	王阁
		2	李泽云　李国才
		2	喻友林　喻光富
		2	郑龙明　郑龙平

续表 7

村民组	窑炉数（个）	户数（户）	农户
龙丰组	8	5	杨茂均　杨茂贵　杨茂贤　吴其兵　牟光祥
		2	杨伦孝　杨伦武
		2	牟其良　牟光勋
		2	沈朝均　牟明武
		2	梁后方　梁坤
		2	牟光极　牟小平
		2	牟明渊　牟光文
		2	牟光汉　牟明庄
合丰组	9	2	曹在坤　曹帮伟
		4	曹在明　曹在良　曹在宽　曹帮亚
		2	曹在本　曹明
		4	王应书　罗章全　张金明　侯仁杰
		2	王树超　牟连俊
		3	沈成能　吴其明　沈先仕
		3	王文启　王文相　王治良
		2	王照方　王照恒
		4	牟严灿　牟连能　牟连松　牟连均
白泥组	14	6	江尚昆　母光才　袁华明　袁华强　袁华忠　袁华均
		4	母光远　袁华志　母廷新　母光六
		5	袁达才　刘跃中　母廷刚　刘成明　李中禄
		2	刘云华　刘跃永
		3	刘云富　刘世新　刘跃伟
		3	曹在伟　侯光云　曹在勇
		4	曹帮伍　曹帮建　曹帮飞　曹在国
		4	傅维清　傅维春　杨廷练　傅友权
		3	母先才　母光明　母光云
		3	蒋福才　蒋福孟　王文吉
		2	刘云贵　刘跃勋
		4	母廷华　母廷均　母友福　母正魁
		3	袁向敏　袁正才　袁正开
		3	杨中付　江尚明　江尚均

产品种类　土陶日常产品主要有：罐，如油罐；缸，如水缸、米缸；坛，如酒坛、倒扑坛、硫酸坛、泡菜坛、米酒坛；钵，如花钵、洗钵等。

花瓶（一）

花瓶（二）

作料碟

斟酒器

大酒坛

倒扑坛

米缸

米酒坛

花茂出产的早期茅台酒瓶（2017 年）

陶瓷产品比较单一，多为茅台酒厂、习水酒厂、枫香酒厂、鸭溪酒厂生产酒坛。其次为园林栽培生产花钵。产品中，花钵系列产品至今仍有市场；天锅（玉米酒烤具）是本村村民自制玉米酒（俗称“小作酒”）的关键设备；甑子，用于蒸荤菜，用甑子清蒸的“甑子鸡”，是花茂村传统特色菜，为本地农家乐的名菜。

陶瓷产品（2014 年）

制作陶瓷的车盘

产品工艺

原料 白鳝泥、黄泥。其中，白鳝泥又名观音土，也称高岭土，富含硅、锌、镁、铅等元素，是黏土物质，其化学成分稳定，被誉为“万能石”。制陶泥有软、硬之分，配制原料时将软、硬泥相互搭配，最终达到软硬适中。因为原料过硬，烧制时产品会破裂，俗称“反筋”“硬筋”。1983 年 3 月，花茂陶瓷合作工厂邀请遵义市一〇二地质队对境内红岗、白泥、中心 3 个生产队 1000 余亩土地进行勘察，经测量，进行大规模生产，泥料可用 100 年。

造泥 在造泥前，工人要对所用泥料进行选择搭配，软泥与硬泥比例适中。泥料选好后，和水搅拌。传统做法，是将泥和湿、踩柔，形成黏稠状，能叠成团。然后将泥堆成墙，用钢丝做的泥弓，将泥中的小颗粒锯细，之后堆于阴凉处，常浇水，保持湿润。

制坯 在制坯前，先将泥中的石子取出，称支泥。然后将泥放到制作的车盘上进行制坯。小件制坯一次成型，大件制坯分数次才能完成。首先是制底，然后制作中间坯胎，最后接口。如此，整个制坯过程完成。

上釉 在焙烧前，先对坯子上釉。釉料要按比例配方，由铁矿石、石灰、泥浆、灰浆组成。通常按 1∶3∶6 配方，所烧制成品色彩正常、晶莹剔透。后由铁矿石、白云石、方解石、高锰酸钾混合而成。境内未通电前，在釉料的制作中，由人工用碓将原料舂细，然后和泥、石灰、草灰混合，制成釉料。但凡生产陶瓷的人家，每家庭院中均有数个用于和釉的缸。后来，市场上有专门的釉料出售，自制釉料减少。

村民牟光友手工制坯（2014 年）

焙烧 成品制作的最后一道工序。焙烧前，工人将上釉的坯装入阶梯形窑中，一般每间窑洞装 4 ~ 5 行坯，大、小坯间夹，以保持足够容量。20 世纪 50 年代至 70 年代初，一般用木柴烧制。1975 年至 1982 年，花茂陶瓷合作工厂改用油煤焙烧，其方法是在阶梯形窑下建发生炉，两间窑中间修建地下通道，如此烧出的成品釉面光滑，色泽均匀。之后，随着个体陶瓷窑增加，普遍采用本地无烟煤及薪柴焙烧。

生产土陶设备 传统的生产设备主要为阶梯形土窑。锯弓、叠铲、盛釉池、制坯车，均为工人自制而成。其中，阶梯形土窑是花茂土陶焙烧的常用设备，每个阶梯形窑少则三洞，多则五洞、七洞，最大的阶梯形窑为九洞或十一洞，均为当年花茂陶瓷合作工厂所建，陶瓷业衰落时期被毁。

商标注册 2019 年 6 月，花茂村人李明钢向国家知识产权局申请“花茂土陶”商标，2020 年 1 月获得商标注册证，证号 38624410。

生产企业

母氏陶艺馆 位于桶井组。前身为桶井陶瓷厂，建于 1996 年，2015 年更名为母氏陶艺馆，由村民母先才创办。该陶艺馆在传统土陶生产基础上进行更新与发展。产品方面，除继续生产适应市场之需的酒壶、泡菜坛、花钵、鹽子等产品外，新增陶艺体验，即陶吧产品。在工艺设备方面，引进电窑焙烧陶吧产品；购置粉碎机去除泥料中小颗粒石子，免去人工锯泥去石子及支泥的烦琐工序。

杨本宽砂罐厂 位于九子组。2014 年，村民杨本宽将住房改造为厂房，与妻子共同生产砂器，产品有砂罐（俗称“砂洞”或“箩洞”，一种常用来炖萝卜排骨的桶形制品）、瓢锅（当地煮火锅用的瓢形制品）、药罐、粪罐（淋庄稼制品）等。夫妻二人以此为业，年收入约 3 万元。

花茂土陶传统烧窑（2017年）

花茂陶艺非物质文化遗产传承人母先才（左）举办陶艺体验活动（2017年）

茶罐

茶壶

砂罐

九子组杨本宽砂罐窑（2017年）

花茂盟鑫土陶工艺品公司（2017 年）

花茂盟鑫土陶工艺品制造有限公司　位于药铺组。前身为白泥药铺陶瓷厂，2016 年 10 月更名为遵义花茂盟鑫土陶工艺品制造有限公司，由村民袁华志、江尚昆、李明钢三人合伙创办。产品以工艺品如花钵、花瓶、书筒、笔筒、香炉、居室摆件及园林系列产品为主，同时生产鼎子、酒坛、酒壶等日用产品。生产设备方面，用粉碎机碎泥料，改进梯形窑原理，以达到降低燃料成本与提高成品率目的。

市场销售　陶瓷产品主要销售给当地居民使用。百余年前，由于交通不便，销售地域较狭窄，本地销售较多，部分销售至遵义、金沙、仁怀等地。解放后，组建花茂陶瓷厂，陶瓷生产规模化，产量增加，但由于以人力运输为主，故销售范围仅为邻近区及县（市）。改革开放后，贩运陶瓷产品者增多，当地人称为“贩子”。1981 年，部分农民以贩运陶瓷产品为业，初用人力车运输，主要销往遵义、金沙等地。1983 年后，改用拖拉机运输，销往湄潭、仁怀、金沙。至 1985 年，改用汽车运输，销往习水、赤水、仁怀、正安、道真、湄潭、余庆、凤冈、绥阳、六盘水等地，时有 10 余人以此为业。20 世纪 90 年代，陶瓷业兴旺，销售人员达 30 余人，在外地开设店铺 5 人，每间店铺年均销售额达 9 万余元，利润近 5 万元。2000 年后，燃料费高涨，生产成本增加，部分生产作坊停产，陶瓷产品销售市场萎缩，仅限于本地及周边少数地区。2004 年后，除部分传统特色产品仍在销售外，桶井陶瓷厂（母氏陶艺馆）、药铺陶瓷厂（盟鑫土陶工艺品公司）的产品销往贵州省全境，部分产品远销广东。2015 年起，随着乡村旅游和农村电商兴起，陶瓷产品热销，年销售额 50 万元以上。

电商销售网点（2017 年）

◉ 现代农业

土地流转 2013 年，中央 1 号文件《关于加快发展现代农业进一步增强农村发展活力的若干意见》明确提出："坚持依法自愿有偿原则，引导农村土地承包经营权有序流转，鼓励和支持承包土地向专业大户、家庭农场、农民合作社流转，发展多种形式适度规模经营。" 2014 年，中共中央办公厅、国务院办公厅下发《关于引导农村土地经营权有序流转发展农业适度规模经营的意见》，进一步明确实行土地经营权有序流转的措施。至 2016 年，花茂村流转土地 2602 亩。播州区林业局拨款 300 万元，实施退耕还林 2000 亩的项目，种植晚熟李子等果树。

2016 年花茂村流转土地情况表

表 8　　　　单位：亩

单位	种类	面积
白泥村民组	种植大棚蔬菜	273
中心村民组	种植蔬菜	310
刘家湾三个组	种植蔬菜	207
合丰组王世刚	种植草莓西瓜	60
合丰组	种植葡萄（提子）	120
龙坑组马礼洪在顺然农场	种植蔬菜	1000
村民杨清华	种植花椒	120

续表 8

单位	种类	面积
郑思钊	建李子、猕猴桃果园	58
红枫圣源林业种植合作社	种植水稻	58
中心组杨剑池	种植烤烟	286
沙堰组胡小林	种植烤烟	110

九丰农业园区

位于花茂村中心车塘组，由农业园区、智能化育苗中心、农业技术培训中心、农产品深加工车间、陆地蔬菜瓜果生产基地及九丰农庄生态餐厅六大部分组成，又称九丰农业公园。

2014 年 8 月，在车塘组引进山东省寿光市九丰公司投资 2.6 亿元建设花茂蔬菜现代高效农业园区。该园区占地500余亩，集研发、繁育、种植、经营、配送、加工于一体，是遵义市、遵义县共同打造的省级现代高效农业园区。核心区主要建设 1.3 万平方米智能温控展示大棚、2000 平方米分拣车间、6000 平方米智能育苗中心、360 平方米农特产品展示电子交易中心、4000 平方米生态餐厅、2500 平方米办公楼培训中心、3000 平方米深加工车间、15 万平方米设施蔬菜种植连栋大棚。至 2017 年 12 月，完成投资 2 亿元，建成智能观光棚 1.3 万平方米、育苗大棚 6000 平方米、生产大棚 15 万平方米、生态餐厅 3100 平方米、办公培训中心 2000 平方米、展示厅 360 平方米，正在建设 3000 平方米的深加工车间。

园区建设启动后，随着主体工程的建设和功能的不断完善，逐步引领当地现代农业快速发展，成为苟坝红色文化旅游产业创新区的一颗明珠。通过农业、旅游业、文化产业融合，一、二、三产融合，产业与生态融合，人与自然融合，农业园区逐步建成农旅文一体化示范、现代山地高效农业示范、农业产业化示范、生态农业公园示范区，把当地农民变成新型农民、产业工人、园区主人，助推花茂村精准脱贫与率先小康。

智能化育苗中心 可一次性育苗 90 万株，年育苗能力达 800 万株。不仅为枫香镇各村提供育苗服务，也为周边镇（乡）的个人或单位提供育苗服务。

农业技术培训中心 集农业技术培训、农产品检测与追溯、园区办公等功能于一体，年培训能力 5000 ~ 8000 人次。2016 年 5 月 31 日首期培训启动，全年共 4 期，每期 100 人。

农产品深加工车间 生产果蔬片、蔬菜面条、冻干食品等，是农业产业链条的延伸

九丰农业园区大棚（2016 年）

村民在九丰公司打工（2016 年）

九丰农庄（2016 年）

领域，年生产能力达 50 万千克。

蔬菜、瓜果生产基地 占地 200 余亩，建有 17 个生产大棚。生产黄瓜、西红柿、茄子、辣椒、丝瓜、西瓜、草莓等 60 多个果蔬品种，质量好、安全可靠。

体验农业园区智能温控大棚 面积 1.3 万平方米。2015 年，九丰公司将温控大棚作为农业旅游景点打造，门票 20 元 / 人（后增加到 30 元 / 人）。大棚内有樱桃西红柿、老黄瓜、巨型南瓜、飞碟南瓜、玩具小黄瓜、板栗南瓜、水培蔬菜、香瓜、李白南瓜、各色茄子、金佛手、五彩椒、红玉西瓜、碰碰香、葡萄、芒果、杨桃、人参果、扁豆、龙凤爪、苦瓜、巨型丝瓜、亚腰葫芦等 180 多种蔬菜、花卉，形状各异、色彩缤纷，集新品种试验和展示、实践教育、旅游观光等功能于一体。

生态餐厅 内设宴会大厅、舞台音响，各种风格包房、大型自助餐厅等，可容纳 750 人就餐。

2016 年，园区获全国“创意农业园区”称号，所在村花茂村获“2015 最美红村”“中国美丽休闲乡村”称号，社会效益、经济效益、生态效益显现。2017 年，核心区有产业工人 140 多人，人均年工资在 2.3 万元，示范带动九丰蔬菜种植专业合作社发展基地 5000 亩，核心区年产蔬菜 500 万千克、年接待游客 60 万人次、累计承接各级党政代表团 1000 余批 6 万余人次。2016 年，中共贵州省委组织部将园区定为黔北现代高效农业人才培训基地，累计培训镇（乡）农技干部、新型职业农民 5000 人次。是年，该园区在全省 385 个省级现代农业园区中排第 52 位。园区辐射带动周边乡（镇）发展蔬菜种植 3.5 万余亩，带动和覆盖贫困人口 500 余人。

自 2014 年开始建设后，九丰公司 2015 年实现产值 800 万元，2016 年实现产值 1700 万元，2017 年实现产值 2050 万元。

白腊河花茂段（九丰农业园区一带）（2007 年）

顺然农场大健康养生产业园

2015 年，在刘家湾（平心、同心、沙堰 3 个村民组）引进贵州顺然生态农业开发有限公司建设顺然农场大健康养生产业园，总投资 4000 多万元，占地 1200 余亩。该农场秉承“道法自然”健康理念，继承传统中医“食疗草本”养生文化，建设集健康美食体验、文艺演出、商务接待、会议娱乐、休闲度假、旅游观光、有机种植、生态种植、生态养殖、有机农产品加工于一体的农旅综合开发产业园，实现一、二、三产业融合发展，成为遵义最大的综合性产业有机农场。

生态养殖及有机种植 顺然自建农场规模 1200 亩，其中 90% 用于有机种植和生态养殖，养殖鸡、猪、羊、鱼，种植有机季节蔬菜、四季水果。生态土猪：按照农村传统喂养方式，用粮食和草料煮熟喂养，不喂含有催长激素、瘦肉精等药物，保证土猪自然生长时间超过 12 个月；放养山羊：放养、吃草和灌木叶；散养土鸡：让其自然觅食，补充喂给粮食、草料，不喂含有催长激素、催蛋药物，自然生长时间超过 10 个月；河水鱼：模拟野生环境，采用流动河水养殖，养殖过程中只投放草料，任其自由觅食，不投喂任何含有催长、激素类饲料，自然生长时间超过 12 个月；有机蔬菜：采用有机肥，人工除草，种植季节蔬菜，不施化肥农药，除草剂，不种植反季蔬菜、转基因品种；四季果园：果园种植樱桃、杨梅、李子、桃、石榴、柿子、刺梨、梨、栗、

花茂顺然农场（2017 年）

猕猴桃、枣、枇杷、橙、柑、柚等28个精品水果品种，四季均有新鲜水果成熟供游客采摘。

有机农产品深加工 顺然农场建有按国家QS认证的肉类加工和蔬菜加工生产车间，全程控制食材质量。

健康美食体验馆 采用明清古建筑风格，古朴典雅。有大小包房40间，大厅2间，每天可接待2500人次就餐，以自产自销原生态食品为主。其中，豪包2间，标配20座/桌；普包标配10座/桌；多功能大厅1间，可同时容纳150人就餐；多功能中厅1间，可同时容纳40人用餐。

乡村客栈 采用古城堡建筑风格，绿树环抱，清静优雅。客栈有标间22间，单间11间，可同时容纳66人住宿。客栈采取“乡愁”韵味装饰，让客人走进田园，品味“乡愁”。

会议室 标准大会议室1间，可容纳80～120人；小会议室1间，可容纳15～20人；多功能厅1间，可容纳150～200人。会议室均配有投影仪、音响、无线网络。

文化广场 占地8000平方米，设有灯光大舞台、酒吧、篮球场、羽毛球场、乒乓球台、儿童娱乐设施等。其中，灯光大舞台300平方米，配有激光摇头灯、LED帕灯、高品质音响，可举办各类文艺演出和团队活动；乡村酒吧采用全木仿古设计，可容纳100人欢唱娱乐、聊天；文化广场可举办1000人的大型篝火晚会，容纳3000人观看演出。

自2015年开始建设后，顺然农场2016年实现产值300万元，2017年实现产值350万元。

2015年至2016年，境内以实施农业“321”工程（将土地亩产值和户均畜牧渔业效益梯次提高到3万元、2万元、1万元）为抓手，加速土地流转，建提子基地300亩、蔬菜基地400亩，推进产业升级，做到农旅文商结合，促进全村产业转型升级，推动全村旅游业发展。

鸭枫烤烟合作社

基本情况 2010年成立，合作社位于枫香镇花茂村洋塘组8号，由原闲置的烟叶收购点改建而成，占地7500平方米，其中办公场地220平方米，电商平台58平方米，党建中心70平方米，培训中心233平方米，农机维修中心400平方米，其余为烤房用地和绿化地与停车场。合作社改变原有传统用煤烘烤模式，设有新能源烘烤工场1座，烤房52

鸭枫合作社生产区全景图（2018 年）

间，其中太阳能烤房 22 间、天然气烤房 25 间、生物质能烤房 3 间、电能烤房 2 间。建有 1 个废旧农膜回收加工场，主要对鸭溪、枫香境内种植用的农膜进行回收加工，将白色垃圾加工成育苗用的托盘，年可消耗农膜 1000 吨左右，年可生产育苗用托盘 30 万张。合作社依托区域内设施设备和资源，开展育苗、机耕、植保、烘烤、分级、物资配送、烟蚜茧蜂防治、有机肥堆置、农膜回收等专业化服务。统一管护的可经营资产总计 6389.2 万元，包括 7 个育苗工场，总供苗能力 2 万余亩；2 个 50 座以上烘烤工场、135 处 5 座以上集群烤房，总数量 1200 余间、烤能近 6 万担；大中小型农机具 493 台套；有机肥积制工场、废旧农膜回收加工场、生物质能加工场各 1 间。2017 年，有社员 622 名，烟农入社率 100%。合作社组建一支 16 人的专职管理团队，形成 1 社 6 片区管理服务框架。

组织机构 合作社推行社员代表大会、理事会、监事会一体的“三会”制度。社员代表大会负责审议表决年度运营计划，审议通过专业化服务收费标准及收益分配方案、财务管理监督及重大项目资金使用情况。理事会由 5 人组成，监事会由 3 人组成。理事长秦乃刚，监事长杨科举，设执行经理 1 名、副经理 2 名、洗膜厂聘请副经理兼洗膜厂厂长 1 名，另有会计、出纳、综合管理员、农机管理员各 1 名。

专业化服务 专业化育苗：为保证育苗质量，合作社安排分管育苗的副经理协助烟叶工作站的副站长及育苗管理员进行技术指导，2016 年服务烤烟面积 1.88 万亩。专业化机耕：2016 年合作社在铜金山、花茂大坝基地开展机耕服务 4117 亩；2017 年机耕服务 3070 亩，并开展区域外专业化机耕服务 500 余亩，是年机耕盈利 7.68 万元。专业化烘烤：采取三种烘烤模式对区域内的社员提供烘烤服务。依托花茂、天旺、三田 3 个烘烤工场开展一体化烘烤，采取片区收购线为主导、合作社提供相关服务的模式，2016 年、2017 年，一体化烘烤分别完成 6080 担、7157 担；依托 5 间以上集群烤房开展专业化烘烤，合作社派人进行驻扎式烘烤服务，由合作社聘请相关人员并协调管理，2016 年、2017 年，此种烘烤模式分别完成 1.58 万担、1.46 万担；指导型烘烤，由合作社聘请的作业组长进行游动式技术指导，此种烘烤模式共完成 2.52 万担。有机肥堆置：按照规划的烤烟种植面积，2016 年，合作社购进酒糟 3782 吨，共堆置有机肥成品 1569 吨，成品单价 661 元，库存 50 吨，利润 5.8 万元。专业化分级：2017 年，鸭枫合作社组建“专分散收”队伍 7 支，专业化分级队员共计 320 人，合作社对所聘请的分级队员签订劳务协议。实现“专分散收”4.78 万担，盈利 171 万元。烟蚜茧蜂生物防治：鸭枫合作社在烟草公司技术推广站指导下，组建专业化生物防治服务队，开展烟蚜茧蜂繁育、高密度僵蚜苗的培育和配送、田间露地小拱棚的安装和回收管护。2016 年，管理小拱棚 90 个，全区烟蚜茧蜂苗覆盖面积 8.21 万亩，实现盈利 14.5 万元。农膜回收：2016 年 5 月，洗膜厂经安装调试后进入试运行阶段，通过建立“烟草组织，补贴引导，分类回收”的废旧农膜回收机制，将废弃农膜回收加工循环利用，实现白色污染变废为宝。是年，共回收农地膜 180 吨，加工托盘 1.5 万个，供科技园做托盘育苗实验。2017 年，回收农用地膜

鸭枫合作社办公区大门（2017 年）

花茂烟叶烤房（2017 年）

正在烘烤的烟叶

517 亩，生产托盘 1.04 万个。2017 年，合作社通过各种专业化服务等方式实现营业收入 703.63 万元，支付专业化服务作业成本及管护成本 581.59 万元，各项管理成本 63.74 万元，实现盈利 58.3 万元。

科技示范园 2017 年，鸭枫合作社根据国家烟草专卖局提出的“转变发展方式，促进烟农增收”总体要求，采取“适度规模种植，科技创新支撑”方式，开展多元经营，联合小微企业协会投资 87.4 万元，在花茂大坝基地创建科技示范园、生态体验园。根据区域内地理、土壤、品种等特点，种植风险高、附加值大的特色农产品。通过试种，探索出成熟的种植技术，再推广到广大社员，带动烟农致富。利用乐山烘烤工场大型密集烤房、花茂体验园种植高经济价值的食用菌毛木耳、竹荪、喻黄菇、凤尾菇等。在不改变原烤房设施情况下，采用四层培养架，每间烤房放置 6 个，每间烤房可摆放菌包 2300 个，共种植 10 间烤房、2 万个菌包。花茂大坝基地种植毛木耳 16 间大棚 8 万包，种植中药材重楼、见血清、天麻、葛根共 10 亩。

◉ 旅游产业

红色旅游

红军标语 1935 年 3 月中上旬，红军驻扎在花茂期间，书写数百幅标语，有的书写在堂屋板壁上，有的书写在外墙灰壁上，有的书写在楼上的墙壁上。红军离开后，少部分被粉刷掉，大多数保存下来，但天长日久，一部分自然风化消失，一部分因灰壁脱落损坏，大部分则因群众改造新居而拆毁。至 2017 年，仅有 9 户人家存有 29 幅标语，但花茂村仍然是播州区保存红军标语最多的村，许多游客了解到此处仍有红军标语，争相前往观看、拍照。

“2015 最美红村”铭牌

外国游客在花茂（2017 年）

“红色之家”农家乐（2014 年）

红色之家 2014 年，白泥片区村民王治强在新农村建设过程中，将自用房屋进行扩建、改造，取名红色之家，在村里开办起第一家农家乐。经营面积 400 平方米，可容纳百人就餐，以经营鼈子鸡、农家菜为主。2015 年至 2017 年，每年解决 7 ～ 10 人就业。

农业旅游

九丰农业公园 参见本志“产业发展 · 现代农业 · 九丰农业园区”。

顺然农场公园 参见本志“产业发展 · 现代农业 · 顺然农场大健康养生产业园”。

湿地驿站 位于花茂村中心车塘组，介于顺然农场公园与九丰农业公园之间，占地

游客参观九丰农业园区蔬菜大棚（2016 年）

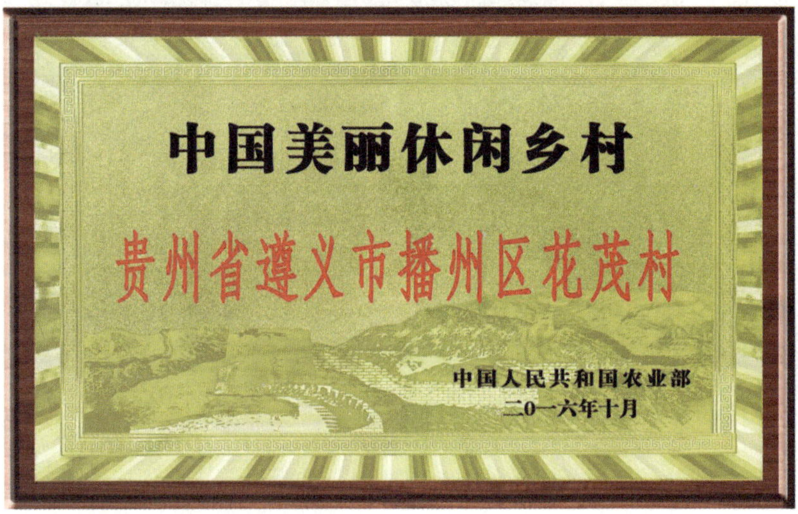

“中国美丽休闲乡村”铭牌

湿地驿站（2017 年）

32 亩，总投资 3000 万元。建设项目包括集散广场、垂钓区、捉鱼体验区、湿地观景游船、景观步道、水车和绿化景观。内设餐饮与娱乐项目，饮食有豆花饭、炒饭、稀饭、凉粉、米皮、米豆腐、麦耳朵、凉菜、炸洋芋、烤小豆腐、自助烧烤等。娱乐休闲运动项目有蹦床、攀岩、弹力床、划船、射箭、飞镖、沐浴、露营、休闲钓鱼、自行车租赁、岛上象棋、放风筝、草坪团体活动等。

白泥陶艺街（2017 年）

文化旅游

白泥陶艺文化创意一条街　位于白泥片区，2014 年，以遵义县建造花茂—苟坝“四在农家·美丽乡村”市级精品示范带为契机，整体依托花茂制陶产业基础，进一步挖掘、提炼陶艺文化，在花茂村白泥组打造一条集旅游休闲、陶艺展示于一体的陶艺一条街。街上有 42 户人家 168 人。主要分为陶艺文化创意街区、陶艺小品创意带、陶艺展

2016 年 11 月 14 日，枫香陶艺传承人母先才（左）向客人介绍制陶技艺

花茂盟鑫土陶公司生产的产品（2017 年）

原花茂陶瓷厂工人吴开元制作的酒罐，保存在其子吴登义处（2014 年）

纸浆压花画《星空》

舀纸

示区 3 个区域。同时对陶罐生产作坊进行改造，内容包括烧制窑、材棚、加工车间、土陶制作体验区；建成陶艺情景展示区 1 个，展示雕像 3 个；修复烧制土陶阶梯形旧窑子 1 个，修复土墙 1 处，烤房 1 座。

花茂人家 特色人文店，位于白泥片区，2015 年由枫香镇返乡创业人员张胜迪创办。张胜迪将古法造纸与创新工艺有机结合，以其材料稀缺性、造型新颖性、功能实用性、趣味体验性和多样性获得青睐。利用传统的构皮纸开发纯手工笔记本、台灯、油纸伞等产品。添加植物纤维，做成的纸浆压花画，2016 年作为礼品送给 25 国使节和 NBA 球星达尼罗·加里纳利。花茂人家旨在围绕墨香、书香、酒香、茶香、花香“五香”主题，打造产业化、平台化“花茂”系列品牌，使其具有原创性且有文化、有底蕴、有情怀、有温度。

西霖古寨 位于九子组庙坡山顶。《续遵义府志》（2014 年点校本）载：“西霖寨，在城西沙溪里沙霖团花茅田，距城八十里。高四十余丈。同治元年（公元 1862 年）二月，生员王维藩倡筑，寨首为生员王金音。同治二年（公元 1863 年），‘贼’攻急，金音携家远徙，以王应春接充

位于九子组的庙坡山，其形如立桶，险峻难攀，山顶曾建西霖古寨

庙坡山半腰山洞

寨首，后仍不守。”西霖寨为遵义县西乡花一个重要寨堡，与西安寨、西明寨、西归寨、西化寨、西成寨、西平寨、西服寨等众多寨堡同为遵义西部屏障。清同治二年（1863）被起义军攻破。《续遵义府志》在“年纪二”中又称“西霖寨”为“西宁寨”，记述内容与上述略有差异：“同治三年甲子（公元 1864 年）……四月……‘黄号贼’汪草墩破遵西西宁寨……遵义西乡西宁寨为庠生王维藩倡筑，共举庠生王金音充寨首，贼党汪草墩屡攻之，金音惧不支，别举王应春为寨首，金音举室离寨而去。至是，寨卒为‘贼’破。”西霖寨海拔 1092 米，绝对高度 90 米，山体独立如桶，陡峭难攀，易守难攻，山顶有平地约 4 亩，四周建有环形寨墙，今存遗址，在山顶可鸟瞰花茂大坝全景。东面山腰石岩下凿有 5 个形如猫儿洞的洞穴，洞高 1 ~ 2 米，洞宽 2 ~ 3 米。可存粮食或人员暂避，曾作熬硝场所。

铜金山　又名桐星山，位于龙坑组。《遵义府志》（2013 年点校本）载：“桐星山，在城西八十里，其形如覆钟。”因形状又如女性乳房，当地群众又称为奶子山、咪咪山或单乳山。与庙坡山相望，直线距离约 1000 米。

鲁瀛故居　位于花茂村沙堰黄家湾山下，后面是青葱的茂林。一幢上百年的老宅，保存基本完好。2016 年被列为县级文物保护单位。故居为三合院，正屋共五间，有左右厢房；木结构，小青瓦坡屋面，是黔北典型民居。今鲁瀛故居正屋由其孙媳赵文芝（鲁正强之妻）居住。鲁正强、赵文芝生子鲁克明，鲁克明之子鲁念为播州区鸭溪交警队警察。

鲁瀛墓　位于花茂村沙堰张家屋基。1998 年 11 月被列为遵义县文物保护单位，2013

铜金山（2017 年）

年 12 月被列为遵义市文物保护单位。墓长 6 米，宽 4.6 米，高 2 米，坐南朝北，位于土台上。墓前有一横向土坎，长 12 米，土坎下立墓碑、华表，碑高 2.2 米，宽 0.72 米，以坚硬的细红砂石刻制。鲁瀛墓碑书体齐全，有楷书、隶书、篆书；碑刻字体秀丽，碑文由遵义书法家杨文湘（清贡生）、李培芳（清优贡生）撰文书丹，为明净圆润的寸楷，具有书法艺术价值。

接龙寺遗址 位于九子组，占地面积约 4000 平方米，建筑占地约 1400 平方米。因传有“地理先生”曾从青坑九龙山“撵龙脉”至此，取迎接“龙脉”之意，一建寺庙，二建桥梁，故该寺庙取名接龙寺（后谐音吉龙寺），位于车塘组的桥取名接灵桥（又名

花茂鲁瀛故居（2017 年）

花茂鲁瀛墓

接龙寺遗址，远处为庙坡山（2017 年）

花茂大坝转角塘处“和尚田”（2017年）

吉灵桥）。《续遵义府志》载：“接龙寺，在沙溪里，距城八十里花苗田。”接龙寺建于清嘉庆二十三年（1818），由花茂村红岗村民组一李姓村民（人称李二公，真名不详）捐良田 40 亩所建。李二公生于乾隆二十二年（1757），卒于道光六年（1826）。初期为李氏祠堂，规模不大。后因李姓夫妇无嗣，至20世纪30年代末，经牟俊光、李登仕、王安泰、牟连魁、王德昌、王佐彬、牟建恒等会首，将庙坡山上西霖寨的建筑材料拆来扩建为寺庙。寺庙内曾塑李氏夫妇金像，后毁于20世纪50年代。

1956年组建花茂红陶社时，曾在该寺内召开筹建会。至1996年修建花茂小学时，拆除该寺木料为建校所用，今仅存遗址。李氏夫妇墓位于药铺组窑子坡森林中，已有近190余年历史。李二公所捐良田，在今白泥转角塘，人称“和尚田”，后由王文超、袁小兵等人耕作。

旅游服务 遵义红创文化旅游开发有限责任公司，法人代表杜会彪。该公司统一管理苟坝创新区内旅游事务，故花茂村旅游业属其管理。2017年，红创公司有导游12名，设有“智慧旅游管理调度室”，有旅游观光车6辆，每辆可乘坐12人；单人和双人自行车总计60余辆。

九丰公司和顺然公司，日可接待游客3000余人。另外具有一定规模和接待能力的乡村农家乐有10余家，日可接待游客2000余人。旅游购物设施方面有党员群众之家便民超市、陶艺街便利店、廷练副食店、光武便利店、帮武木雕艺店、母氏陶艺馆、花茂人家酒直销店等。

2015年、2016年、2017年，到花茂旅游的游客分别为35万人次、68万人次、75万人次，分别实现旅游综合收入1.4亿元、2.7亿元、4亿元。

茂松源农家乐（2017年）

2016 年花茂村部分农家乐基本情况表

表 9

名称	所在位置	创建时间（年）	餐饮特色	经营面积（平方米）	容纳就餐人数（人）	住宿房间（间）
苟坝印象	陶艺街十字路	2015	农家菜、铜锅鸡	500	100	23
茂松源餐馆	白泥党群之家旁	2015	农家菜、乡村野味	600	300	—
冷水鱼农庄	白泥环山组	2015	野生鱼	390	60	—
陶艺农庄	红岗组	2015	农家菜	600	200	—
陶乡园	白泥桶井组	2015	农家菜	500	300	—
花果山农场餐馆	白泥上寨组	2015	农家菜	400	100	—
红色之家	白泥桶井组	2014	盬子鸡、农家菜	400	200	—
红色苟坝火锅	白泥十字路	2015	红油烫皮牛肉	400	100	—
花茂农家	白泥党群之家旁	2015	农家菜	300	80	7
稻香居	白泥党群之家旁	2015	农家菜	200	60	—
九丰农庄	车塘组	2015	农家菜	2000	750	—
顺然农庄	龙坑组	2015	农家菜	3000	1000	11

乡村民宿（2017 年）

村民生活

1949年前，佃农、雇农靠租种地主土地和帮工为生，度日艰难。1949年后，人民生活逐步改善。改革开放后，村民收入显著提高。1980年，农民人均可支配收入205元，到2017年达15600元。村民服饰、饮食、住房、用具、出行等方面与时俱进，发生天翻地覆的变化，多数村民过上丰衣足食的小康生活。农村医疗保障实现全覆盖，养老保险覆盖40%。部分困难群众得到政府救助和支持。2017年，花茂村贫困户全部脱贫，全面小康总体实现程度99.18%。

◉ 收入支出

村民收入 解放前，花茂土地集中在地主、富农手中，佃农、雇农靠租种地主土地和帮工为生，粮食收成的 50% ~ 60% 交给地主。自耕农虽有部分土地，但产量低、捐税重，正常年景勉强维持生计。解放后，村民收入逐年增加，1952 年人均留用原粮 206.5 千克。1959 年，人均留粮 81.5 千克。“文化大革命”期间，粮食分配实行基本口粮与劳动工分粮相结合，按“人七劳三”分配。1972 年，人均纯收入 128.98 元，口粮（原粮）164.5 千克。农村经济体制改革后，实行家庭联产承包制，村民收入明显增加。1988 年人均口粮（原粮）256 千克，人均纯收入 507.64 元。随着村域经济不断发展，花茂村村民收入逐渐增加。1980 年农民人均可支配收入为 205 元，2000 年为 1728 元，2007 年为 3765元，2013年为8648元，2014年为10948元，2015年为12607元，2016年为14119元，2017 年为 15600 元。

村民支出 解放前，贫苦农民交租后，过着“糠菜半年粮”的生活，春夏之交，饥荒难度，称“神仙难过二三月”，斗米斤盐，“盐巴钱”支出占家庭支出重要成分。解放后，村民生活逐年改善。据 1988 年抽样调查显示，村民人均食品支出 322.9 元，

花茂白泥片区便民服务点（2017 年）

占生活费支出的72.38%。每户平均住房有房屋4.73间，人均住房面积20.96平方米。人均生活消费品支出446.07元。2007年和2017年，人均生活消费品支出分别为1405元、2219元。

◉ 衣食住行用

服饰 解放前，平民男子大多穿直领对襟短衣，俗称“汗褟”，叠腰直筒长裤，俗称“收腰裤”。富庶之家男子春秋穿夹衫，冬季穿棉袍、皮袍，外罩细布长衫。礼服为大襟长袍外套马褂。男人去世，要穿长衫，俗称“老衣”。贫苦农民男子琵琶襟长衫、收腰直筒裤常年不离身，补巴（丁）重补巴。妇女穿右衽短衫琵琶襟，亦称“父母装”，老年妇女上衣长可近膝。农村妇女戴围腰，普通围腰宽大素净，做农活和家务时可保护衣服，中青年妇女戴花围腰，胸前围腰绣花边图案，用白色布带在腰后系蝴蝶结，花带飘垂美观。婴儿衣服，多向福寿双全的老人讨旧衣改制，称“赶福寿”，若孩子多病，则到各家各户讨碎布片，缝成“百家衣”，意欲消灾除病。解放后，夏天男子穿对襟“汗褟”；冬季，少数殷实的人内穿卫生衣裤（绒衣裤）和毛线衣裤。中老年人还有穿长衫、“父母装”的，制衣布料全为机制棉布。“文化大革命”期间，青年男女服装样式、色彩单一，绿色军干服、军便服成为时尚。1970年后，的确良等化纤布料进入村境，穿着涤纶、涤卡衣裤成为人们致富的标志，各式新潮服装进入乡村。1980年至2017年，服装中化纤织物增多，棉布取消计划供应，服装款式、色彩日益增多，流行的服装主要有西装、各式裙子、蝙蝠衫、牛仔衣、牛仔裤、喇叭裤、夹克衫、T恤衫、羽绒服、滑雪服、长短呢大衣、皮衣、羊毛衫等，色彩丰富，款式繁多，四季各异。

饮食 村境为山间平坝丘陵地区，主产水稻、玉米，以大米、玉米为主食。将玉米磨为粗粒或沙状蒸食，为玉米饭。玉米沙掺和大米蒸食，称两造饭或两兼米。将大麦粒与大米同煮半熟蒸食，称老麦饭。煮稀饭常掺和玉米粉、豇豆、嫩南瓜、四季豆、绿豆、白菜苔、红苕、冬苋菜等杂粮瓜菜，掺什么即称什么饭。小麦种植少，面条珍贵，用作送礼或待客。解放后，除1959年至1962年“以菜代饭”外，饭中掺瓜菜渐少，增加大米、面粉，平时食干饭，炎夏干饭、稀饭兼食。随着粮食产量和人们生活水平的提高，20世纪80年代后，主食均以大米为主，杂粮已成为稀有食物。农闲时，一日二餐干饭；农忙时，一日三餐，其中一餐为稀饭、面条、汤圆之类。栽秧时吃四餐，早晨吃面条、粉等杂食，

收割水稻（2017 年）

其余三餐吃干饭。菜肴以园子菜为主，吃法分爆炒、火锅、清汤，主要口味以麻辣为主，甚至有“无辣不成菜”之说，有单用辣椒做菜的。平常人家办婚丧寿事，根据家庭的贫富决定菜肴的好坏。在大集体以前，生活紧张，农村一般为割肉办酒，好一点的人家杀羊办酒。土地下户后，人民生活好转，通常杀猪办酒，有办“九大碗”的，有的席中间放一小盆，各样菜肴都装里面，称“大杂烩”。办丧事的饭菜较为简朴。一般家庭在蔬菜丰盛的季节，还要制作腌菜、咸菜、干菜、腊肉等。

住房　一般人家住房为三开间或五开间，中堂是祭祀及会客处所，后壁供祖宗神佛牌位。堂屋一般不装天花板，仅架两根横木，称为天标或天平。五柱以上的房屋，中堂左右间多分隔成前后两间，家庭主要成员住前间。人口少的，留一边的后间为起居室，前间用作厨房。搭有偏厦的，一般将其作厨房或放置杂物之用。一正两横，为三合头，有下厅朝门的称四合院，会客室在两厢或下厅。迁居新屋，要在黎明前进行，家具杂物收拾捆扎后，约集亲朋好友一举搬到新居，黎明前搬完，意为越搬越亮堂。搬家要先搬炉灶、火种、水，或先搬点柴、煤至新居，象征以后的日子更红火、兴旺。请人搬家，招待吃汤圆，寓圆满吉祥。

出行 解放前，无公路、车辆，出门远行都以步行为主，平民百姓多数裹干粮、穿草鞋、携伞笠，晓行夜宿。偶有长者、妇孺、病人乘滑竿，富人、官员骑马坐轿，出嫁新娘则坐花轿。轿夫前后各二人，遇陡峭山路或泥泞弯道，轿夫前呼后应，喊报路号子，协调步伐，短促有韵，如“前弯左、后弯右，弯弯拐拐两将就；天上明晃晃、地下水凼凼；仰仰坡、慢慢梭，梭上去、好歇气”等。1956 年，花茂至枫香公路修通后，60 年代少数人有自行车代步。1995 年，花茂村长征组有摩托车 5 辆。2003 年年底，开通枫香至花茂、枫香至纸房的客运，方便沿途村民出行。2007 年，境内每 100 户农民家庭中，有 12 户拥有摩托车。

2016 年，境内交通有红创公司的旅游观光车 6 辆，每辆载客 12 人；单人和双人自行车总计 60 余辆。2017 年，全村有货车 120 辆、小轿车 300 辆、摩托车 280 辆。村民出行可乘坐农村公交车或自驾车。

用具

日常用器 解放前，农民家中只有床、桌、凳、米柜子等简陋家具。炊具为铁锅、砂锅、木盆、土碗、木桶，雨天用油纸伞、蓑衣、斗笠遮雨。20 世纪 50 年代起，各种新式日常用品开始进入农村家庭，保温瓶、玻璃杯、肥皂、手电筒开始使用。60 ~ 70 年代，收入较好的家庭开始使用搪瓷盆、铝锅等。80 年代，现代家用电器及自行车、缝纫机、钟表等进入农村家庭。部分富裕家庭开始有电视机、洗衣机、收录机、电风扇、沙发等高档耐用消费品。新婚夫妇普遍购置大衣柜、写字台、新式双人床等大型家具的日益增多。90 年代，各种家用电器及耐用消费品逐渐进入农家。40% 的农民家庭拥有黑白电视机，彩色电视机也开始进入农村。2000 年后，随着农村经济不断好转，以及家用电器价格下调，彩电、电冰箱普遍进入农民家庭。2007 年，境内每 100 户农民家庭中，90 户有彩色电视机，13 户有电冰箱。

炉灶 农村历来烧柴灶、柴煤两用灶。乡风对建灶较重视，以灶为“一家之主”，要择吉日、定方位，用洁净砖石泥土砌筑。老式灶无烟囱，一灶 2 ~ 3 眼（孔），大小锅并列。柴灶膛大，分别安大锅、三水锅，大锅用以烧豆腐或开大伙食，三水锅煮猪食；小灶烧煤，日常煮饭炒菜。煤、柴灶间隔中夹陶器坛，利用余热温水，早晚用竹节提取洗脸洗脚。灶上方悬挂腊肉，也有人家架竹竿楼烘烤玉米。新灶筑成，须备香烛纸钱，祭祀“灶神”“火神”后才往灶孔（火堂）内添柴引火。极贫农户的灶头更为简单，多用 3 块石头支破鼎罐。冬春二季取暖，则在小二间设烤火屋，用木方火箱（宽 1 米、高 0.2 米）筑地炉火，下有十字通风孔，以块煤烧明火，睡觉前和稀煤封火；山区无煤贫穷人家则在柴灶前围火塘烤火取暖，俗称烤“圪蔸火”。20 世纪 80 年代初，灶逐渐改为用砖砌筑，水泥砂浆抹面，锅台、灶缘贴瓷砖。火炉普遍被有烟囱的铁质北京炉、回风炉取代。2000 年农村电网改造后，电热水器、电暖器、电磁炉、太阳能热水器逐渐进入平常百姓家庭。2005 年农村推广沼气池，使用沼气灶，但因必须养猪，才有足够沼气，使用农户较少。

床柜桌椅　村境内青年结婚讲究制喜床，一般由男方家庭选择吉日制作。旧式大床中，富家大床较讲究，为木制牙床、雕花架子床，内挂蚊帐，床头有枕箱，床前设踏脚凳；中等人家制车杆架子床，三弯床；平民家庭制床头有矮木栏的“提篼床”或平板床；贫穷人家用两条板凳或三角凳搭几块板子为床。冬季，极穷人家大人、小孩常钻进牛圈楼上堆放的稻草堆中睡觉，俗称“钻草窝”或“滚草窝”。按照习俗，床一般长五尺八寸半，宽三尺八寸半，寓意有“发”有“伴”。床架上先铺一块与床架内空等宽长的篾笆，蔑笆上铺稻草，稻草上放上篾席。解放后，经济条件好的农户逐渐改为在稻草上面铺层油单布，上铺棉絮，棉絮上面再铺草席或床单（俗称“坝单”）、线毯。现代青年结婚购买宽大舒适的席梦思床。当地人称被子为“被条”。解放前，境内贫苦农民多盖秧被（俗称“秧缟鞯”，用嫩稻苗编制）或棕被。土地改革，农民分得棉絮、被里、绸缎被面等物资。改革开放后，羽绒被、蚕丝被、毛毯、羊毛被逐渐进入农户。

◉ 家庭

结构　解放前，崇慕四世、五世同堂，境内有三至四代共居的家庭，祖、父、子三代同堂的直系家庭为多。20 世纪 80 年代后，因实行计划生育等，家庭规模逐渐缩小，由一对夫妻和子女组成的家庭占多数。1953 年，村内每户平均 5.57 人。2017 年，每户平均 4.15 人。

管理 解放前，家庭中父权、夫权起支配作用，富户大家庭实行家长制统属管理，有成文或不成文的家法、家训、家规，成员不可违反。多由长房长子当家管事，负责尊老扶幼，教育兄弟子侄，组织生产经营，管理家庭收支。家庭地位以丈夫为主，妻子从属，媳妇不能过问家事，更不准存私房钱。家庭分居，最末代先出生的可分得一份“长生田”，第二世未嫁的女子，可分得少于弟兄的陪嫁田，产业多的第一世家长提取一份养老田。分家后老人一般随幼子居住，幼子继承财产负责安葬。解放后，土地归集体所有，土地没有继承权，老人死后由儿子共同安葬，财产由儿子继承，出嫁女儿一般不享受。1985 年,《中华人民共和国继承法》实施后，家庭财产的继承有明文规定，但多数仍顺从老人遗愿由儿子继承。

活动 境内汉族人口多是“江西填湖广”“湖广填四川”及明末清初外省移民后裔，定居 300 多年。同祖同宗者称为亲房，互相负有扶助照顾的义务，同姓不同宗者称为“家门”。主张同姓不准开亲；家族有公共墓地称“某姓坟山”，族人死后分葬于坟山墓地，坟山的林木为风水林木，禁伐。每逢清明节，家族集体祭扫始祖先辈等墓，以族产或集资办“清明会”，在坟地或祠堂会餐，商议族中大事，联络族人感情。

族谱 记载家族的历代嫡庶世系及分支脉派，订立字辈，以明世系、别尊卑，记载祖籍迁徙和族中大事等。将族谱印制数册，各宗支分别保存，后世再续修。境内多数族谱于 20 世纪 80 年代后开始编修。境内大姓王氏、牟氏、母氏、刘氏、曹氏、鲁氏均编有族谱。

种植蔬菜（2015 年）

◉ 社会保障

医疗保障 1971年，社员每人每年交2元钱到生产大队合作医疗站，作为合作医疗基金，患者在本大队合作医疗站就诊，只交5分钱的挂号费，不付医药费，后来改为抓1副药1角钱。农村经济体制改革后，合作医疗被个体医生所代替，农民看病实行自费。2006年1月1日起，根据遵义县人民政府的相关规定，凡农村户籍的居民（不含正在服役的义务兵和劳教人员），不受年龄限制，无论健康与否，凭本人户口簿在户籍所在村报名参加新型农村合作医疗（简称新农合）保险。农民以户为单位参加，以年度为单位在规定时间内一次性交清新农合保险费。第一年每人交费10元，各级政府补助35元，其中37元作为大病统筹，8元建立个人家族账户，可在门诊时由个人支配。新农合医保补助标准逐年提高，至2013年，农民交费60元，国家补助240元，报销标准也相应提高。住院报销，按国家规定，年度最高补助为8000元。2016年，对建档立卡贫困人员，实施“四重医疗保障”（新农合住院报销、大病保险报销、医疗救助、民政扶助）结算服务，有效遏制和减少农村“因病致贫、因病返贫”的现象。为助力脱贫攻坚，新农合政策向建档立卡农村贫困人口倾斜，住院报销比例较一般人群高5个百分点。大病医疗保险按照市级统一部署，精准扶贫对象年度内累计住院自付费用中的合规费用超过3000元的进行大病补偿，一般参合患者年度内累计住院自付费用中的合规费用超过7000元的进行补偿，6万元以下的精准扶贫对象按65%补偿，一般人群按55%补偿，6万元以上的精准扶贫对象按90%补偿，一般人群按80%补偿。将36种慢性病纳入门诊治疗享受住院比例报销。2017年，进一步提高农村贫困人口医疗救助保障水平，深入实施精准扶贫、精准脱贫，对经三重医疗保障后自付医疗费用仍然较高的农村贫困人口实施医疗扶助（第四重医疗保障），使其实际补偿比达90%以上。新型合作医疗实施后，从根本上解决农民的医疗保障和“因病致贫、因病返贫”问题。是年，农民交医保费150元，报销标准也相应提高，全村农民参保率实现全覆盖。

养老保障 2010年开始，年满60周岁的农村户籍人口，每月由国家补助60元生活费。至2017年，提高到每人75元，享受者793人；年满80周岁的，另增加高龄补助50元，享受者59人；年满90周岁的另增加高龄补助100元，享受者5人。2010年，开始新农合试点工作，农村户籍人口、年满16周岁（不含在校学生），可以缴纳养老保险金，缴纳金额为 100 ~ 2000 元，缴得越多、年限越长，年满 60 岁后，领取的养老金就越多。2017 年，有 2026 人缴纳养老保险，覆盖面 40%。

困难救助 农村土地承包到户前，对粮食不足困难群众返销“回销粮”，给予救济粮。土地承包到户后，多数群众解决温饱，对个别吃饭有困难的农户仍然采取救济办法保证口粮。1985 年，枫香区在六乡一镇开展贫困户普查，花茂乡有粮食收入 150 千克以下贫困户 47 户，占总户数的 2.9%；现金收入 80 元以下极贫困户 95 户，占总户数的 5.9%；现今收入 120 元以下贫困 152 户，占总户数的 9.4%。2007 年起，对现金收入较少的群众实施农村最低生活保障制度，将贫困户纳入低保范围，每人每月补助 30 元。2013 年年末，花茂村精准扶贫建档立卡贫困户有 101 户 242 人，其中一般贫困户 4 户 8 人，低保贫困户 42 户 131 人，低保 53 户 101 人（2017 年每月发放补助金额 7195 元），五保户 2 户 2 人（2017 年为 1 户 1 人，每人每月补助 78 元），贫困发生率 5.3%。2014 年，按照整村推进小康建设引领精准脱贫要求，以“四在农家・美丽乡村”升级版建设为总抓手，统筹精准扶贫与率先小康齐步走，花茂村把旅游、商贸、传统手工业、现代农业、红色文化、现代服务业多元产业相结合，走出一条绿色的精准扶贫之路。针对村里的贫困户，县镇两级干部与贫困群众签订 3 年帮扶协议，建立“干群结亲连心卡”，定期回访。2015 年，花茂村实现 29 户 93 人脱贫。2017 年全部脱贫，全面小康总体实现程度 99.18%。

村民种植的西红柿喜获丰收（2017 年）

风土民情

花茂村境地处黔北，毗邻重庆，原属四川管辖，先民多数是在明、清时期“江西填湖广”“湖广填四川”和平播战役后迁居此地，其生产、生活习俗、风土民情、方言与四川相近。随着时代的进步，部分传统习俗已逐步淘汰；部分习俗与时俱进，简化更新。境内最有特色的风味小吃为土陶甕子鸡，味鲜可口。

◉ 习俗

农事习俗

教犁 水牛三岁，黄牛两岁半，达到使役年龄即教犁。第一次教犁，要选择初春或秋末，择吉日举行。早晨牵牛至僻静耕地，一人牵牛鼻纤一人扶犁，教牛耕地。连教十几天，至牛听从使唤。有的在牛上枷担之前，还要烧香烛纸钱，祈祷顺利。

开耕 新年后，逢干支第一个庚日驾牛，略犁几铧即止，如遇雨天，只用枷担在牛颈上加两下表示开耕。

忌戊 立春后至立夏之间，逢农历干支的戊日不能动土，称“忌戊”，认为如不“忌戊”，当年要遭雹灾。三月初三“土皇忌日”，称“大戊”，俗话:“大戊三月三，田不犁，土不翻。”20 世纪 60 年代至 70 年代大集体生产时，部分生产队戊日放假休息，“文化大革命”后废除。

扫圈 因《西游记》中的猢狲孙悟空曾为弼马瘟，故旧时村民认为猴子能保牲畜平安。农家祈求牲畜无病，遂请驯猴人到家，驱使猴持扫帚进入圈中扫几下，意欲瘟疫扫尽，牲畜健康生长。

挂水瓶 每逢农家猪、牛下崽，均在圈门前挂一水瓶，意欲防止母畜奶被过往生人带走。

工匠习俗

“打牙祭” 凡雇工匠或雇员经营，平时待以素餐，每逢初二、十六两日，雇主以丰盛酒肉款待客师、匠员，称“打牙祭”。正月十六称“起牙”，各行业开工开业，腊月十六日称“倒牙”，即日起停工结账。民间也称祭祀四官菩萨后聚餐为“打牙祭”。后来把改善生活吃肉喝酒引申为“打牙祭”。

师徒传承 各行各业的匠作工艺多属师徒相承，学艺须拜师写“投师帖”，注明双方权利、义务、报酬等。学艺一般三年，期满称“出师”，徒弟要“谢师”，为师傅制备新衣鞋帽、彩幛礼品，敲锣打鼓至师傅家叩头献纳，师傅回赠工具一套，并口头封赠，此后徒弟才单独开业，得同行认可。改革开放后，各类职业班兴起，除个别特殊职业外，谢师礼节逐渐废除。

建房习俗 传统修房造屋动土、开石、伐木前，掌墨师均要祭神祈福，忌说不吉利的话。木架房立排架时，掌墨师先要备香烛纸钱、酒水、刀头（即刀头肉，长方形，长约 16 厘米，重约 250 ~ 500 克）、雄鸡祭祀鲁班先师，诵吟吉祥诀后，高喊一声“万丈高楼从地起……”众人呼应“起！一起！起呀！”房屋排架遂在一片呼号声中缓缓竖立。无论土墙房还是木架房，上大梁都是件大事。民间认为上大梁关系居家祸福，中梁木抬运时不准落地，加工时不许人从上跨过。上梁时间选在黎明时，以便“紫微高照”。大梁做好后，要在正中下方用银圆钉梁心，外用一方红布，以硬币钉四角，再用红纸写“紫微高照”贴梁上。上梁吉日良辰到，掌墨师以雄鸡冠酒祭梁后，将梁抬至中柱顶插口（土、砖墙则抬至中堂两墙顶），掌墨师拿着建房女主人娘家送来的“抛梁粑”（大米做的泡粑、糯米做的糍粑）、“喜钱”，登梯上房顶，边登梯边唱“脚踏楼梯步步高，福禄寿喜都来到”“造房正逢黄道日，上梁巧遇紫微星”等吉联。上到房架顶，待主人在梁下跪接掌墨师抛下的粑后，边说吉联，边向房架四周抛撒，众地邻乡亲围抢，儿童嬉笑抢抓抛梁粑；至亲好友在梁上披红挂布、燃放鞭炮，此过程称为“抛梁”。装修新房后，要择吉日开启中堂大门，称“开财门”或“踩门”，主人家要置办彩门酒筵，地邻亲友前往庆贺。届时，要请 8 个福寿双全的人代表“八仙”，携茶盆装鸡蛋、米、钱，表示“送财进宝”；匠师扮“鲁班”在门内，与门外“八仙”对答吉联后，鞭炮齐鸣，开门迎入。主人当日设宴收礼待客，以显气派。

节日习俗

春节　农历正月初一为春节，又称过年。从上年腊月下旬至新年正月中旬，均属年节范围。旧俗，腊月二十三日夜“送灶神”，用灶帖、灶糖和茶水、糕点等物，排香烛祭祀后，送灶神“上天奏好事”。灶糖粘牙，使神口不干，向玉皇大帝回报人间善恶时不言主家恶事。腊月三十日夜接灶神入灶，“下界保平安”，解放后极少人祭灶神。腊月二十四日“打扬尘”，用新砍带枝叶的长竹竿打扫屋内高处和檐下、屋角、梁上尘灰。尘同“陈”音，有驱除陈积晦气之意。合家动员，清扫垃圾秽物，中堂神台尤要仔细打扫；擦拭烛台、香炉、磬，以备祭祖迎神。解放后，除打扬尘外，各户拆洗被褥、理发洗澡，在居室内外大搞清洁卫生。腊月二十八至三十日，大小场镇无论是否集期都要赶场，称为“赶叫场”。此场赶后即“封场”，节后再按集期赶场。除夕下午，全家团圆吃年饭，先祭祖，放爆竹后才就餐。过年通宵不睡，称“守岁”，也称“三十晚上守田坎”，寓意来年田坎不漏水。家中炉火熊熊，习以“三十夜的火”象征来年家运兴隆。20 世纪 80 年代后，除夕夜全家收看中央电视台春节联欢晚会。零时钟响，人们便点燃

为表达丰收的喜悦和春节的祝福，村民自编自导乡村春晚（2017 年）

鞭炮、燃放礼花，迎接新一年的到来。正月初一早上，到水井挑水要烧纸钱和香烛，叫“买银水”。全家“吃汤圆”，此日称“汤圆”为“元宝”，因方言“汤”字有遭祸的意义。“吃元宝”后上山拜祖坟。小孩穿新衣，携礼物至长辈家拜年，长辈赠小礼品和吉祥话，亲戚则给小孩打发压岁钱。有人挨户登门送雕版印刷的财神，或送红纸包的几棵木柴，称“送财（柴）”，以讨赏钱。不能向外倒脏水、垃圾，意为“倒财”。“正月忌头，腊月忌尾”，正月初一这天不能动刀斧、针剪，以为主凶。不干活，不讨债，不打骂哭闹，不能讲“鬼、死、病、痛”等字眼，忌打破家具，以图吉利。初二至十五日为拜年高潮，家家接待客人，称“酒肉开花时”。近亲远戚携礼物此来彼往，饮宴笑乐。新婚女婿必携礼品拜遍女方家重要尊亲长辈。

清明　清明节前后十天，民间祭扫祖坟，晚辈在墓前点香烛、放鞭炮、献酒食供品祭奠，并叩头。用竹篾彩纸制成的“乾隆青”悬挂坟头致吊，俗称“挂青”，意在缅怀先世。非直系亲属的坟头，则插一束各色纸条。清明前一日为寒食节，多于此日为亲人坟头立碑，或为年久倾圮的祖墓砍荆棘、除污秽、垒坟土。大家族祭扫始祖墓要杀猪宰羊，办“清明会”，聚族人于坟地野餐，食用“清明粑”。解放后，“挂青”之俗继续保持。

端午 农历五月初五称“小端阳”，五月十五称“大端阳”，一般过“小端阳”。此日，各家各户悬挂菖蒲、艾叶于门楣“驱邪”，有的人家在大门前燕梁上悬挂艾叶扎成小艾狗。小孩佩戴香包，挂铜钱或独瓣大蒜头。早上食粽子，中餐吃饺子。

七月半 七月半（农历七月十三日）又称“中元节”“鬼节”，俗谓“冥府”开放，“亡魂”归家，有“七月半、鬼乱串”之谚语。中元焚赙，陈馔祭祖。七月十一日起，扫神案、迎祖灵，案插新熟稻穗，用白纸包封纸钱，称袱子，上书亡故亲人名讳，供于香案。十三日为已逝长者焚香烛、供酒饭、烧袱子，化为冥帛，俗称“请老人”。晚上泼水饭，赈给“孤魂野鬼”。

中秋 农历八月十五日中秋节，民谚：“八月中秋月不明，雨洒元宵走马灯。”人们常以当日晚上月亮明暗预测来年元宵天气的好坏。旧时晚上吃月饼，意欲全家团圆，小孩坐等“开天门”，传说半夜天门开时，可见天上神仙；现时以食月饼为主。

重阳 农历九月初九为重阳节，农村秋收基本完成，打新米糍粑，磨豆腐庆贺丰收，还有将糍粑挂在牛角上，表示牛耕之苦的习俗。民间有“重阳不打粑，蛇要咬你妈，重阳不推豆，蛇要咬你家大母舅”的谚语。“九九”象征长寿，1988 年中国政府定重阳节为老年节，开展敬老活动。

过冬至 当天多数人吃羊肉，抵御一冬严寒。过了此日，农家大部分开始杀年猪。

生育习俗 旧时，孕妇注重食物禁忌，不吃生姜，怕孩子手足多指（或趾），不食母猪肉、羊肉，怕小儿发癫痫（又称“母猪疯”“羊儿疯”）。孕期，不准移动房中床、柜，忌随意钉钉子等，称为“占方”。不得用刀砍门槛，怕小儿缺唇，怀孕几个月后，孕妇即回娘家制备婴儿衣物，外婆要为外孙准备背带、饰物。忌讳女儿在娘家生小孩。孩子出生，女婿要提鸡往娘家报喜，以雌雄鸡表示婴儿性别，娘家要给予猪油、鸡蛋等物。产后第三天，给婴儿沐浴更衣，供雄鸡头、米饭、红鸡蛋，祭“送子娘娘”。产妇在家里休息一个月，称“坐月”。娘家给女婿家送去米、蛋、猪油、甜酒、母鸡等营养品，大户人家还要送婴儿首饰，赠女儿女婿衣物，亲友近邻要送蛋、米，称“送月米”或“吃月米酒”。“坐月”时产妇不得出门、洗头，免被风吹受寒。产妇吃的鸡蛋壳，要集中准放在路口，让行人踩碎，传说这样可保母婴健康。

寿庆习俗 60 岁以上老人过生日，多举行寿庆。逢老人满整十的寿诞之日，多由儿孙办酒席宴客，为尊者祝寿。男性满 59 岁即办 60 大寿，俗称“做进不做出”，女性须 60 岁才办，称“做出不做进”。近年，由于酒席泛滥，村内规定年满 80 岁才能办寿庆酒。

称谓习俗

血亲称谓 曾祖父母不分性别，通称祖祖；祖父母称公、婆或爷爷、奶奶；父亲称爹、爸爸或伯伯；外祖父母称外公、外婆，或称嘎公、嘎婆，也统称嘎嘎；伯父伯母称伯伯、伯娘；叔父母称爸爹、娘妈，叔父母多的，依父辈排行称二爸、三爸、幺爸与二娘、三娘、幺娘等；姑姑称老子、爹或娘，最小的姑姑称幺娘，姑父称姑爷或姑爹；姨妈称娘或姨娘；舅舅、舅娘称母舅、舅妈，舅舅多的按排行依次称为大舅、二舅、三舅或大母、二母、三母等；同辈称哥、嫂、弟、妹；同辈表亲称老表；表亲的小辈称上辈表亲概加表字，如表叔、表娘、表舅、表舅娘、表叔娘等。老辈称小辈直接叫乳名或名字。

其他称谓 称老人为大爷、大娘、大婆、老人家；中青年男子称大哥、哥子、老弟、兄弟；女子称大姐、大娘、小妹；称大嫂要谨慎，如误称未婚女子为嫂，对方极不高兴。小孩称和自己母亲年龄相近的女子为娘。

婚姻习俗

婚龄 民国以前，流行早婚，常有十二三岁小男孩拜堂成亲。主张女方比男方略大，甚至有女方年长男方 10 岁的，称为“长（掌）家婆”。流传“十八姑娘三岁郎，晚晚洗脚抱上床，不是爹妈双全在，你是儿来我是娘”的民谣。女性早婚常见，尤其以童养媳为甚，有十来岁即成婚的。中华人民共和国成立后，按《中华人民共和国婚姻法》规定的法定婚龄登记结婚，许多男女青年实行晚婚，但仍有个别不登记、早结婚者。进入 21 世纪后，早婚者鲜见。

择偶 旧俗，结婚强调门当户对，“嫁女攀高门”。城乡都有近亲通婚者，彼此熟悉，认为可靠，称“亲上加亲”。忌讳姑的女儿嫁给舅的儿子，认为亵渎祖宗，俗称“还种亲”；舅的女儿嫁给姑爷的儿子，称“随娘亲”。以姨表兄妹结亲较普遍。中华人民共和国成立后，贯彻《中华人民共和国婚姻法》，禁止近亲通婚。50 年代至 60 年代，择偶重阶级成分，70 年代重政治标准，80 年代后重知识，也重视经济条件。

订婚 媒人到女方家求亲，若女家同意，媒人便择日约定男女两家至男方家取同意，男方需制备鞋、袜、衣、帽、现金礼品赠女方和女方亲戚，作为订婚礼物，称为“纳采”。以后男方再次送去“三道人亲”（包括衣物、布料，糖、面条、酒），又称“三回九转”。此后才能“讨庚”（又称“开年庚”），媒人与男方一起至女方家，要求女方家出具女方出生的年月日时，以便择吉日举行婚礼。整个过程大致要二至三年。20 世纪

80年代后，一般男女双方多为自由恋爱，但订婚程序仍旧。

嫁娶 旧俗，男方家在婚期前一天宴请媒人和亲友，称“请耍”。结婚当天早晨，男方家将准备好的“离娘肉”、猪脚（肘子）、鸭青、大红公鸡，还有为新娘准备的衣物、首饰、花烛、礼品、礼单等装上若干个礼盒，由媒人带领迎亲队伍，抬轿吹打，前往女方家迎亲。女方在结婚前一日开始哭嫁，诉说对父母、兄弟姐妹、亲戚难以割舍之情，对家中老小和近亲要提名哭诉，提到名的长辈要给打发钱，表姐妹多要陪哭。结婚当日，梳妆者用线绞去女子脸上的汗毛，将长辫挽成髻，称为“开脸上头”。男方花轿在女方家门口，唢呐吹奏不停，催新娘上轿。女方家要拿钱给迎亲的人，称“利食钱”。男方押礼人带礼品进入中堂，将礼单和礼品交女方家，女方家将陪奁交给男方的过礼人。新娘由人搀扶着上花轿，兄弟送轿，女方亲友陪送，将嫁妆装在抬盒中，一路上吹打、奏乐、鸣炮，鱼贯而行至男方家。大部分地方在花轿起身前，由男方亲戚把女方陪嫁的床上用品和为新郎置办的新衣，先送至男方家，新郎穿好新衣，找人财两旺的妇女铺床。新婚夫妻未“坐床”前，新床严禁他人坐。结婚仪式开始，鸣炮奏乐，燃点花烛，新娘新郎一拜天地、二拜祖宗、三拜父母，然后夫妻对拜，称为“拜堂”。举行婚礼时，孕妇不能观看（传说孕妇观看后生的小孩没奶吃）。接纳人导引新婚夫妻入洞房，举行“坐床”“揭盖头”“喝交杯酒”等仪式。晚间，要闹新房，逗笑戏谑新人，“三天不分老小”。第二天，新郎陪新娘回娘家拜见岳父母，称“回门”，也有当天“回门”的。2000年后，有的人家结婚讲究排场，有的要用轿车（扎成“花车”），少则三五辆，多则几十辆（组成车队）；有的除了吹唢呐，还请鼓乐队搞文艺表演；有的人家还要请人照相、摄像。

丧葬习俗

送终 老人垂危时，子女、亲人闻讯须及时赶回。临终，亲属齐集，听取遗言。将垂危老人扶坐于靠椅上，抬至中堂（女性则抬往卧室），等候“落气”（断气），称为“送终”。老人“落气”后，即刻鸣鞭炮，烧落气纸钱，亲属子女环立而哭。尽哀，备巾栉，为遗体沐浴、梳头、剪指甲，换上寿衣（只能穿单数，忌讳穿五件）和“上路鞋”，取下一扇门板，放在长条凳作灵床，遗体置于灵床上，脸盖白纸，灵床下点一盏菜油灯，叫“过桥灯”。在灵床前立魂帛设奠，称为“停丧”。抽出死者垫床的一束稻草，烧于大门外，左右两扇大门上各斜贴一方皮纸，向亲友报丧。

入殓 旧时，停丧最多不超过两天，遗体入棺，称为“小殓”。铺褥子、绵衾，由长子扶头，将尸移入，将其生前所落齿发放入棺内，盖上薄而窄的“老被”。请道士做道场超度亡人，一般 3 ～ 5 天。个别富家做 9 天道场，称“九转道场”。进入 21 世纪，较为少见做道场。棺前供灵牌，道士做法事烧老袱（纸钱）后，以陶罐盛纸钱灰，封严，放在棺木左前方，称“老纸罐”。将每天祭祀亡灵的饭菜取一点装在另一陶罐中，称“衣禄罐”。灵堂摆放“灵房”。此三件分别代表为死者在“阴间”准备的钱、粮、房子。家人、近亲到齐，开棺看望遗容后举行大殓，将棺盖盖紧、封固，棺木部件均以榫扣合，禁用铁钉。2006 年，实行火葬后，看望仪容等程序自然取消。

成服 大殓后，家人在灵前穿孝衣，同声号哭。父母死，儿子披麻戴孝，穿草鞋，拄丧杖。如死者的父母健在，死者要包孝帕入棺。死者的亲属朋友包白布孝帕，以帕的长短宽窄区别亲疏内外关系，正孝子帕长 9 尺（3 米），直系亲属帕长 7 尺（2.3 米），姻亲、友邻的帕长 5 尺（1.67 米）。

安葬 旧俗，在停丧待葬期内，请风水先生“看龙脉”，选“风水宝地”掘墓穴，叫“打井”。2006 年 11 月 1 日前，普遍实行土葬，按传统葬俗娱灵、道场、开路、拜坟等。每个地方都有“龙杠”。抬棺至墓地安葬称“发丧”，道士画符念咒“驱煞”后，将棺材捆在“龙杠”上，道士打碎灰罐后，抬棺至墓地，鼓乐、道士、挽幛、花圈、长幡导前，孝子端灵走棺材前面，女孝子跟在棺材后。沿途燃鞭炮、放黄烟、敲锣鼓、丢买路钱，女孝子哭声连天。灵柩在行进中和停顿时均不能触地。棺木放入墓穴称“落圹”，定位后最后一次开棺，须以大幅布张于棺木上方遮日光，孝子在布下看视遗容。由孝子捧土撒在棺上后，众人才掩土垒坟。孝子端灵牌返家要走去时原路，不可改道。90 年代中期，许多丧家都在灵堂播放“哀乐”。21 世纪初，夏季，部分丧家租用“冰棺”停放死者遗体。2006 年 11 月 1 日执行公墓安葬后，丧家都提前火化死者，按要求到公墓安葬。有的丧家，在没有好的葬期时，将死者骨灰寄放在殡仪馆，在家里做道场，待有葬期后，领回骨灰安葬。

守孝 从死者去世之日起，设灵位祭奠，每过七天为一个祭日，称“逢七”。此日要在灵位前点香烛、烧纸钱、献酒饭、摆供果以祭，到第七个七天为止。

◉ 特产小吃

土特产

豆腐 黄豆泡胀磨成浆，滤出豆渣，浆入锅烧开加酸汤或石膏水、胆巴水点清，舀

麦酱

入木制豆腐箱压制而成。加入切碎的白菜为菜豆腐；箱压豆腐切片烘干为豆腐干；豆腐切寸块发酵后加盐、花椒、辣椒腌制的霉豆腐，俗称“臭豆腐”。

豆豉 黄豆洗净煮熟后，放入铺有豆豉叶的篾编筐内发酵，原汁原豆加入适量生姜末、辣椒面、食盐，置入菜坛贮存的称水豆豉，也叫水酱豆；滤去汤汁，拌入食盐等调味品晒干的称“干豆豉”；拌入调味品置于玉米壳、棕片或纸包内，挂在通风处风干的称“风豆豉”。

麦酱 用霉变的小麦、芝麻、黄豆、糯米、植物油等制成的糊状食品，可拌面条或酱制菜肴。辅料有食盐、花椒、茴香、桂皮和草叶等。

阴苞谷 用鲜嫩的糯玉米煮至六七成熟，晒干或烘干，冬天或第二年春天炖猪蹄或各种肉类，味道鲜美可口。

土面 用土麦子制作的面条。境内药铺组仍存1家20世纪80年代开办的土面加工厂。

平辉乡愁土面坊

三坝菇

生长在玉米地的三坝菇

2015 年取名平辉乡愁土面坊，2017 年 8 月注册。由村民李平、母光辉夫妻二人经营，共有从业人员 4 人，月产量 5000 千克，月产值 2.8 万元，利润 4000 余元。

三坝菇　又名粗柄鸡枞，每年农历七月中上旬，从玉米地里蚂蚁窝被蚂蚁堆出来的土中萌生出的一种营养真菌，一般会在蚂蚁窝附近出现三丛，故名三坝菇。营养价值较高，且奇香可口，只能野生，因此市场价格较高，每朵 10 元左右。

风味小吃

活水豆花　豆浆不经木箱压制，下酸汤待凝结时，用竹筲箕轻压后，起锅用豆浆煮、油辣椒伴食，鲜嫩可口，佐饭下酒为待客之佳肴。不过滤豆渣加碎菜的活水豆腐叫“小豆花”。旧时，豆渣穷苦人家作菜，富裕人家多作猪饲料。

米豆腐　粘米（大米的一种）泡透磨成浆，入锅加入适量生石灰水熬制成糊，舀入容器冷却而成。多作红、白喜事菜肴。

凉粉　将豌豆或胡豆选净，置水中浸泡发胀，磨成浆，滤出渣；将浑豆浆置于大木盆沉淀出淀粉，取淀粉入锅加水熬成糊，舀入容器冷却即成。

米豆酸菜　青菜洗净，沸水氽过，置陶钵中浸以酸汤，加盖，隔夜即成，拌以炖熟的米豆，称“米豆酸菜”，调肝涤胃，香鲜爽口。

荞面条　以荞面和团，用木棒擀压为薄皮后切条和细酸菜煮，加豆腐、芫荽（香菜）、辣椒伴食，味美可口。

泡粑　大米加适量黄豆用水泡胀磨成浆，发酵后舀入特制容器入甑蒸制。在农村，

农家小吃店（2017 年）

一般过春节作零食。多用作修房造屋上梁用的“抛梁粑”。

糍粑 糯米用水泡透，滤干水入甑蒸熟，趁热倾入碓窝或石制粑槽，二人合力用木制粑杵（俗称“糍粑棒”），将糯米饭粒捣烂杵成团，俗称“打糍粑”。

黄糕粑 腊月二十日一过，家家户户碓响磨转，将糯米与糯玉米加适量黄豆，用水泡透滤干磨成粉浆，加入熟芡粉，用笋壳包成长方形，上屉蒸熟即成。

汤粑 用纯糯米、高粱米、小米面制成，分实心和夹馅两种，大如鸡蛋。

甜酒汤粑 糯米蒸熟、凉冷，和酒曲而酿，三五日成酒，古称醪。以酒浆多、味甜、酒香浓郁者为上。糯米面团块与甜酒同煮食而得名。

花茂土陶鲣子鸡 鲣子鸡发源于重庆市奉节县。花茂土陶鲣子鸡，其蒸馏器皿——鲣子，采用花茂的土陶制品，独具特色。其制作方法，主要是用猛火旱蒸，文火煨制，化汽为汤，清澈见底，所蒸鸡肉颜色金黄，汤醇味美，肉质鲜嫩，油而不腻，香气浓

罈子

郁。调味品“食材包”来自中草药医生秘方配制而成，富含锌硒等人体所需的微量元素。花茂人李明钢将罈子鸡的制作工艺及作用概括为：农家鸡入罈子缸，香叶枸杞配生姜。骨肉相离正适味，阴阳平衡最营养。2019 年 6 月，李明钢向国家知识产权局申请“花茂华琴土陶罈子鸡”商标，2020 年 2 月获得商标注册证，证号 38608075。

◉ 方言

惯用语

星宿儿（星星）　雾罩（雾）　星宿儿屙屎（流星）

扯火闪（闪电）　打扛（雨后彩虹）　雪弹子（冰雹）

落凝（下冻雨）　凝冰（冰块）　坳坳（山垭）

河沙坝（河滩）　石夹夹（石缝）　石旮旯（石头较多的山土）

太阳坝儿（阳光照射地）　月亮坝儿（月光照射地）

冒龙（井泉）　水凼凼（水坑）　山埂埂（山脊梁）

高底、高儿（上面）　对门、洞门（对面）　底下、脚脚（下面）

团转（周围）　一哈哈儿（一会儿）　刚刚儿（刚才）

一暂儿（瞬间）　少午阵儿（中午）　擦黑儿（傍晚）

天开河口（黎明）　晚些家（晚上）　独独、底底（最下面）

门千（外面） 当门边（家门前） 前兜（前面）
后兜（后面） 荒瓜（南瓜） 洋海椒儿（西红柿）
草猪（母猪） 脚猪（种公猪） 牙猪（公猪）
沙牛、次牛（母牛） 牙狗（公狗） 草狗（母狗）
豺狗（狼） 毛狗（狐狸） 大猫儿（老虎、豹子）
鸦鹊（喜鹊） 老鸹（乌鸦） 鬼登哥（猫头鹰）
油啄母儿（蝗虫） 叫蝈蝈、叫鸡儿（蟋蟀）
四脚蛇儿（蜥蜴） 雷公虫（蜈蚣） 癞疙宝（蟾蜍）
团鱼（鳖） 亮火虫儿（萤火虫） 蛐线儿（蚯蚓）
飞老鼠（蝙蝠） 哩嘎子（蝉） 点灯儿（蜻蜓）
陶屋（堂屋） 房圈儿（卧室） 灶门千（厨房）
朝门（院子的大门） 开山儿（斧子） 箱箱儿、抽箱儿（抽屉）
滚滚儿（轮子） 碗架儿（碗柜） 薄刀、菜薄刀（菜刀）
被条（被子） 坝单（床单） 提箢儿（篮子）
炒锅瓢（炒干货用的耙） 箢篼（撮土或垃圾用的篾器）
包箢儿（用蔑条编织的方箩篼） 印子、升子（斗、升）
斗盆儿（斗笠） 梁盖（连枷） 半斗（扰斗）
荷包儿（衣裤口袋） 滚身（对襟棉袄） 枇杷襟（老式女外衣）
火汗褟（老式男外衣） 皮专专、皮褂褂（皮毛背心）
汗褂（背心） 衩衩裤（小孩开裆裤） 笪笪儿（辫子）
取同意（订婚） 看人户（相亲） 接媳妇儿（娶媳妇）
交代姑娘（嫁女） 打发（对来拜望的小孩或小辈回赠）
割孽（发生纠纷） 搬嘴劲（吵嘴） 身胚（身材）
痨烦（恶心） 灌粪（化脓） 屙稀（拉肚子）
打冷禁（发冷颤抖） 鱼鳅症（急性胃肠绞痛）
三花脸儿（性情变化无常的人） 张花舌（爱说谎话的人）
牙欠儿（多嘴多舌的小孩） 接话瓢儿（爱插嘴的人）
吹火筒（搬弄是非扩大纠纷的人） 毛三匠（做事毛糙莽撞的人）
三脚猫（坐不住爱到处乱跑的人） 马哥头（赶马人）

老二（土匪） 吊棒儿（纪律松弛者） 猪脑壳、球撮撮（笨蛋）
黄昏棒（不懂行的人） 原中（生意的中间人） 妖艳儿（好打扮）
花柴（劈柴、剖开竹木） 左（交换，对调） 展（移动，搬动，搬迁）
张（理会，理睬） 榨（压住） 方（不予理睬，当面使人难堪）
麻（糊弄） 惩（用力往下按） 淌（清洗）
杀提（收拾、整理；整治） 招呼（护理、招待；留神）
扎咐（吩咐，叮嘱） 板咐（再三嘱咐） 理抹（过问、处置）
扯拐（从中作梗，中途出岔子） 回喝（省悟）
打伙（合伙） 带携（连累）
演气（有意对人炫耀，以使之羡慕） 蹋制（糟蹋、贬低）
总成（撮合；建议） 舔肥（巴结讨好） 捧抛（巴结、吹捧）
洗刷（奚落） 打眼（惹人注意） 摔摆（折腾、摆布、刁难）
惯恃（娇惯、放纵） 发水（掺假、偷工减料）
点黄（当面揭人短处） 展劲（用力） 煞各（结束）
架势（开始） 归一（完；完毕） 耳食（理睬）
虚、虚火儿（害怕） 经优（护理，细心管理）
点水儿（揭发，告密） 汤灾（遭殃） 估到（强迫，逼迫）
翻花（说别人不好的话） 依教（依从、服气） 勾影儿（害怕）
触机（一时反应不过来） 出脱（损失，死亡） 充狠（显示自己能干）
喊黄（叫苦） 夹壳儿（吝啬，吝啬鬼）
瓜削（占便宜） 颠东（糊涂，神志不清）
孝和（和睦） 热和儿（暖和） 千翻儿（淘气，顽皮）
伸展（笔直） 庞夯（体积庞大） 门事（体面）
撇脱（随便，不受拘束，轻易，容易） 吊（散漫）
光生（光滑） 老火（严重，难度大） 伤（腻烦）
歪（高傲，神气） 宽身（宽敞） 乖（漂亮、好看；听话，不调皮）
水（不认真，不负责，质量差） 关火儿（顶用、管用）
硬走（结实，硬朗） 硬气（刚强，有骨气） 经事（结实耐用）
松活（病情减轻，难度不大） 弯酸（过分客气、讲礼节）

万道（可恶） 枉道（恶毒） 刮毒（苛刻）
差火儿（差劲儿） 翻筋（调皮） 绵扎（有韧性）
干（穷） 疲（动作缓慢，做事拖沓）
谙靠（稳当，可靠；密合无缝） 俏市儿（走俏，耍派头，拿架子）
丢底（失体面，令人羞耻） 巫教（不依礼、法而乱来）
哨皮（丢人） 吊垮垮（吊儿郎当） 蔫妥妥（精神萎靡不振）
水垮垮（马虎，不严肃） 活甩甩（不落实） 小见（心胸狭窄）
疯扯扯（疯疯癫癫） 歔歔眼（近视眼） 幺不倒台（傲气）
乌喧喧（乱吼一通） 短杵杵（短而粗的东西）
东东安安、昏昏滔滔（神志不清） 犟拐拐（性格倔强）
巾巾吊吊（较烂的衣裤或奇装异服） 央倒（凑合）
各人、自家个儿（自己） 这堂儿、这点儿（这里）
那堂儿、那点儿（那里） 朗呃（什么；怎么，怎样）
非好的（很好） 佐还（反正） 不警过（没注意）
夺二弦（挑拨） 杀杆子（沾他人便宜）
吃零供（指父母受子女轮流供养） 软打整（慢慢折磨）
懂不起（不谙世故） 扯把子（找借口） 看档口（观察形势看风头）
安门槛儿（暗设障碍） 占欺头（占口头便宜） 打羼嘴（从旁阻挠）
牵眼睛（看不惯） 耍把子（做表面文章迷惑别人）
假巴意思、假巴二三（虚情假意） 吃喝皮、吃人民公社（白吃）
捡汎和（不费力气得好处） 放屙屎扒子（借口离开）
讨封赠（讨人骂） 梭边边（回避矛盾） 现过现（当面兑现）
打冒桩儿（冒认、冒领） 小家子办事（吝啬） 打帮忙锤（帮人说话、做事）
吃二道饭（返工） 打掟子（考试猜题） 巴生赖死（一心一意）
放敞斗儿（不加管束） 打假叉（作假、冒充） 打零撮撮（做临时工）
吃花生米（挨枪毙） 安窝箕儿（设计陷害） 一模脱壳（一模一样）
打广子（注意力不集中） 甩砣子（推卸责任） 打烂仗（落难）
扯拐（找借口） 吹牛壳子（吹牛，以假说真，以小说大）
细打玩山（漫不经心） 懒眉懒眼（懒人） 怪头怪脑（不知道怎么做）

马倒马倒的（不经同意强硬要） 没得看场（没有看头）
没得想场（很失望） 没得说场（很好） 快得要死（很快）
懒得烧蛇吃（很懒） 扯回销（寻机报复） 绷面子（没能力也要强行表现）
网网宽（交际广） 谄烂条儿（诬蔑、说坏话）
打搿边鼓儿（做事不踏实、贪玩） 看笑食儿（看别人笑话）
颠二倒三（说不清楚） 硬斗石山（互不欠人情、做事认真）
烂肚皮（出坏主意的人）

谚语

大哥不说二哥，大家都差不多。

鼻子高，会打跷，鼻子矮，会转拐。

有肉烂在锅里头。

装神弄鬼，不够糊嘴。

人穷怪屋基，饭氿怪筲箕。

上回当，讨回尖。

马屎汤粑外边光，其实里面一包糠。

强盗进屋，灰都要抓一把。

久走夜路，总要撞回鬼。

人有三节草，不知哪节好。

十个说客，挡不住一个夺客。

黄毛猪儿家家有。

人家的金窝银窝，挡不住自己的狗窝。

螺蛳有肉在肚中。

死鱼鳅都有饿老鹳啄。

大懒使小懒，一使一个翻白眼。

老鸹笑猪黑，自己不觉得。

半夜说起五更走，天亮还在大门口。

强盗过了杀壁头。

骑马撞不到亲家，骑牛撞到亲家。

苞谷粑，自家夸。

捡到封皮就是信。

不会过河怪河弯，不会犁牛怪枷担。

人怕闹，火怕造。

心中无冷病，哪怕吃西瓜。

人与人不同，花有几样红。

会打三班鼓，要有六个人。

欺老不欺少，三年就赶到。

力气是个怪，今天使了明天在。

火是乌龟，越烤越萎。

早晨烧天不到晚，夜晚烧天必定晴。

四六开天不长久。

芒种立夏，撞着亲家不说话。

芒种忙忙栽，夏至谷怀胎。

白露不勾头，割来喂老牛。

七拗八立九天晴。

耽搁一年春，十年理不伸。

打田不用巧，只要绞边绞得好。

人又生得穷，处处遇到夹夹虫。

鸭子死了嘴壳硬。

恶人自有恶人收，恶鸡自有野猫抠。

犁得深，耙得烂，一碗泥巴一碗饭。

早不忙，夜慌张，半夜起来补裤裆。

家中有金银，隔壁有戥秤。

吊起锅儿打铛铛。

有了一顿怂，没得吃谷种。

耗子才知耗子路。

放牛娃儿卖不了牛。

槽中无食猪拱猪。

没得三耙牛屎高，充啥好汉。

一回被蛇咬，二回不钻草。

一娘养九子，九子不像娘。

脸红正吃得，酒醉心明白。

猫猫吃得少，顿顿都要舀。

菜当三分粮，海椒当衣裳。

回桶的蜂子要居人。

不怕生错命，就怕得怪病。

有那颗钉钉，才挂那个瓶瓶。

招男嫁女讲不起，供生唱戏鬼怂起。

喝了卯时酒，昏昏醉到酉。

烧钱化纸一包灰，哭哭啼啼假慈悲。

麻雀飞过都有个影子，糍粑落地都要巴点灰。

歇后语

蚊子咬菩萨——认错了人

屙屎不带纸——想不开（揩）

半天云上挂口袋——装疯（风）

篾丝穿豆腐——提不得

磨子上睡瞌睡——想转了

耗子舔米汤——只够糊嘴

一挑砂锅滚下岩——没有一个好货

癞疙宝吃豇豆——悬吊吊的

姑娘的笪笪儿——随便（辫）

冬天的火籽儿——各刨各的

背鼓上门——讨打

猪尿包打人——气胀人

瞎子打婆娘——丢不得手

缺牙巴咬炒豆——碰倒了

满口金牙齿——说黄话

口袋装茄子——叽里咕噜的

板凳上一锤——打断顿（凳）

篼篼装狗——不识抬举

哑巴吃汤圆——心中有数

六月间的偏东雨———处洒点

火柴兜修磨子——走一方黑一方

空甑子上灶——争（蒸）口气

叫花子吃干饭——各人讨得的

瞎子戴眼镜——多余的圈圈

野猫咬牛——大干

沟边拴牛——两边捞

癞蛇宝进石灰窑——黑进白出

脚踩烟锅巴——差火

歪嘴婆娘照镜子——当面丢丑

汤巴打狗——有去无回

王二娘蒸粑——要复火

杀猪杀屁股——各有各的杀法

沙灌煮汤巴——二冲二冲的

杀鸡不烫——干扯

菜刀打豆腐——二面讨光生

艺文杂记

花茂，美丽乡村，人杰地灵，引发不少文人雅士用不同形式的文艺作品抒发对花茂热土的赞誉。本篇选载了具有代表性的《集灵桥》《忆秦娥·枫香》《浪淘沙·花茂》《花茂人家》等诗歌，另有《鲁瀛碑文》《刘金钿碑序》《跳墩桥碑记》与《鲁瀛其人其事》等史料，从不同角度记载花茂的文化发展。

◉ 诗歌

集灵桥

高宪章[①]

一水北来一水东，两流合入一流通。

云端笑指驰驱处，尽在平平荡荡中。

忆秦娥·枫香

牟明灯[②]

抬望眼，群峰瑟瑟都红遍。都红遍，初看旗展，再看血染。无边落霞风为帅，铁马萧萧犹酣战。犹酣战，猿惊山涧，鸦惊两岸。

浪淘沙·花茂

高媛[③]

旧貌换新装，生气昂扬。而今万户喜安康。鸟语花香山水秀，一派春光。

信步独徜徉，无限芬芳。铅华洗尽是辉煌。留住乡愁迎远客，胜读兰章。

花茂人家（歌词）

袁庆品[④]

一个人的一句话

把梦带到花茂人家

---

① 高宪章（1868—？），名传心，号精一，西乡沙溪里第十甲（今乐山镇新华村）人。19 岁中秀才，先后在枫香坝、店子坝、丰岩沟、乐山白果树、金竹青杠坝、百家房子等地设馆授徒。后行奉道教，法号太乙。本土道家至今仍尊为祖师，称太乙高先生。

② 牟明灯，1969 年 10 月生，枫香镇花茂村九杵屯人。2017 年任贵州赤水经济开发区党工委书记、管委会副主任（正县级）。

③ 高媛，女，1998 年 9 月生于花茂村，贵州师范大学学生。

④ 袁庆品，1964 年生，播州区乐山镇科教中心主任，2015 年创作歌曲《花茂人家》，获贵州省 2016 年“我歌我快乐”同步小康优秀民间歌谣一等奖。

白泥片区党员群众之家广场

月亮挂在山崖
萤火飘过篱笆
田园蛙声阵阵
小河水车吱呀
花茂人家
能找到乡愁是你的神奇
一个梦中美丽的家
一道山岭飘来一个传说
一头石牛讲述一个神话
一间老屋蕴藏一首史诗
一盏马灯亮出一段佳话
花茂人家
能找到乡愁是你的神奇
一句话唤醒大家

花茂白泥“乡愁烤房”(2017年)

一阵笑声一首歌
把我带到花茂人家
燕子飞向新巢
蝴蝶带路赏花
乡音一声问候
老壶泡来热茶
花茂人家
一片片乡愁化作甜蜜
一个心中幸福的家
一张笑脸把那土窑怀想
一坛醇香把那茅台牵挂
千年陶艺汇成一条长街
古老村庄迎来满天朝霞

白泥现代民居（2016 年）

花茂人家

一缕乡愁带来无限遐想

欢笑声传遍天下

◉ 碑记

鲁瀛墓碑文

碑身前面 碑额：乙亥兼巽乾；正中：鲁公屏周之墓；右方：中华民国二十三年八

月吉旦；左下方：奉祀男纯忠仁孝敬立。

碑身后面　碑额：陆军中将鲁公屏周墓表；碑文：公讳瀛谱，名宗藩，号屏周，遵义县西乡荒茅田沙堰人，清末以诸生见知于郡守襄阳袁公季九，委办团练，竭劳瘁，卫桑梓，屡除匪患，邑人深赖之。辛亥国变，公任贵州北防国民军督带，因铲除滇军暴政，诛军警部部长兼盐务督办梅治逸，获戾当道。滇军五路来攻，公不忍地方重罹兵祸，率兵走川，依井研熊公锦帆。自是参加革命，讨袁护法，无役不从。公持政严肃，所至有声，以功晋陆军中将，任建国联军前敌各军总稽察处处长兼警卫军司令官。民国十四年，解甲归渝，愤国事日非，无术匡救，力却征聘，不问世事，日以摩挲金石，研求古篆、隶自娱。讵意天不假年，夙疾复发，医药罔效，竟以二十年四月六日，卒于渝州机房街寓所，享寿五十有六。遐迩闻之，无不悼惜。时值道途不靖，暂殡于渝。越明年五月，令子纯忠、纯仁奉柩回籍，经过地方祭奠迎送，络绎不绝。以是知公之德泽，其入于人心者深矣。六月二日，卜葬本里天马山之阳，悉如礼。今墓道告成，纯忠昆仲以其文见属。余不敏，谨叙生平大略，刊之于石，以示后世，其功业详载家传及省县志，兹不赘。清贡生同门弟杨文湘撰并书，清优贡生世愚弟李培芳篆额。

花茂鲁瀛墓碑背面（2017年）

碑身两侧　右侧面：生于清光绪元年岁次乙亥五月十五日亥时；左侧面：殁于中华民国二十年四月六日。

华表　正面挽联：立德立功立言湘蜀至今思镇帅，不淫不移不屈溪山何幸葬英雄。背面挽联：世有令名七尺丰碑留枌梓，才真出类一生伟业著黔川。右侧题款：世愚弟喻圣域拜题，民国二十三年甲戌四月谷旦。左侧镌刻：殁于中华民国二十年四月六日、姻弟喻界凡撰、男纯忠、孝泐石。

小碑柱　正面挽联：饶有令名光梓里，长留正气在人间。背面挽联：功在梓桑岘山□□，灵钟兰桂陇表长馨。

刘金钿碑序

陆军教导师第二团上校团长刘君金钿，字继汉，为友人。慕尧先生次嗣，为吾乡之杰出者也。君生而英锐，机警绝人。壬癸群盗如毛，君府被匪围劫，竟能以计诳贼，脱二尊人于险。以世乱而入崇武学校，学术兼优，长官皆器之。毕业后，屡任部队长，克

刘金钿碑（2017年）

尽厥职，每战必绩，竟不数年而擢膺上校，非其智力过人，曷克臻此？惟君性刚愎，驭下甚严，于民十九年戍军湖南属之沱口，既奉中央令，会攻李逆[①]，卒以此而蒙难焉。呜呼惜哉！今君室毛夫人敬坤深明坤德焉，君卜穴营治，佳城工竣，则索端志墓。端知君惟深，原[②]撷其端末，以旌其行于不朽云。

杨文端撰　李松乔书

跳墩桥碑记

此处原有跳墩十余，年深月久，墩石没于沙中。清末牟、王氏君邀乡里建三墩四孔桥，通达五路，延至本世纪六十年代初，一孔没于洪水。承刘元清、母正德二公为头，将其复原。又三十年，洪水淘虚墩基，面石倾斜，濒于崩塌。一九九七年初，红岗白泥李、牟、张、潘、何、陈、王、袁，三刘、二母诸公牵头，四方仁人志士慷慨解囊，鼎力相助，拆其废旧，重建斯桥于原址，五路复为通途。兹将捐献十元以上者镌刻于石，十元以下者众多，苦于碑面局限，不能书于其上，切勿介意，甚谢！

一九九七年岁次丁丑仲春

陈友平撰文　潭治元镌

◉ 杂记

鲁瀛其人其事

文武兼备　鲁瀛（1875—1931），字宗藩，号屏周，今花茂村沙堰组人。其先祖世居山东，由鲁入赣，平播后入黔。花茂第五代鲁文学订有《家法》12 则，刻之中堂，倡导“重亲爱、严礼法、守职业、习勤俭、戒嗜好、遵家法”。世代农业，至其父志怀（母范氏），始以耕田、教书为业。其父为人清介，崇诗书，重教育，严家法。鲁瀛自幼随父就读，性聪敏，喜发问。父渐不能解其惑，乃受业于鸭溪名士刘成志门下，与文茂春、刘效之等同窗，并为一方高才。

清末，朝廷日趋衰败，进步思潮涌进遵义，唤醒不少志士仁人。面对时代潮流，遵

① 会攻李逆：指 1930 年 4 月刺杀原国民革命军湖南独立第六师师长陈汉章的第四团团长李宝臣。

② 应为“愿”。

义知府袁玉锡兴“革新”之举，如创办新学、奖励农桑、扩建新城、发展丝织、开设军训等。鲁瀛受感召，辞别师友赴遵义攻读新学，在官办团防训导所兼习军事。以才气胆识，甚得袁玉锡青睐。

名震西乡 时值干戈扰攘，遵义四方土匪为患。清光绪三十二年（1906），袁玉锡特委鲁瀛主办遵义县西乡团务，维持地方治安。鲁瀛任团练，下设管带分统 3 哨，每哨 120 人。辖遵义县西乡及今金沙、仁怀之一部分，并掌军、政、财、粮大权，衙署先设枫香土坝，旋迁白腊坎。时鸭溪商人廖巨林为了保护其资产，对鲁瀛颇为拥护，旋由鲁瀛任命为筹款委员，并结为儿女亲家（廖女为鲁瀛长媳）。有了款项，即修建军营，外立哨所、关卡，内修墙垣、炮台（白农小学处），配以枪支巡逻。军备由 3 哨增至 4 哨。时有管带杨清华，哨官黄国林、李二顺、陈汗卿、袁少清等，军容十分整肃。土炮五门，鲁瀛擅炮轰，故人称“鲁大炮”。一时声威颇振，即当时骚扰川黔之大匪袁少奇亦不敢窥探（袁匪后为贵州大军阀袁祖铭擒杀），以故地方赖之以安。

此一阶段，鲁瀛除着意军政事宜外，还宣教化、移风俗、解民事、树酒范。

重视教育：为提升古风教育，曾起用当地儒生杨道南为白腊坎小学校长。教化愚昧：时民间传说遵义、仁怀交界的天宝山菩萨“显灵”，善男信女前往烧香礼拜者络绎不绝，影响农耕；加以歹人乘机用事，滋扰甚大。鲁瀛乃亲自往返百里，将天宝山之菩萨背到白腊坎，再聚乡民曰：“吾将菩萨背送到此，看它有法力降吾之罪否？”明断公正：时有大姓万氏，因犯奸致死人命，后制造假象，历经多官不敢过问。鲁瀛侦得实情，拘以治其罪。一时地方劣绅为之敛迹，民皆称快。其姑母恃其势，欺凌乡民，该乡民控之于鲁瀛，鲁瀛查如所控，鞭打其姑母不贷。因而政声大噪，一时金沙、仁怀一带诉者均到鲁瀛处投控，案之轻者得一言而决，重者亦宽严有度，两造皆服。发展经济：时鸭溪一带产酒，但质量不高。为树立酒范，鲁瀛请茅台等地酿酒技师教授乡民酒艺。经其倡导，西乡一带酿造兴旺，曾被誉为“酒乡”。

智杀督办 1912 年，鲁瀛任贵州北防国民军督带，活动于遵义、金沙、仁怀、习水一带。其下改管带为营，辖兵 2 营 4 哨。是年 3 月，云南军阀唐继尧率领滇军侵黔。唐部驻遵军警部长兼盐务督办梅治逸把持黔北军政大权，残暴异常，甚则纵兵掳掠，民不堪其扰。时鲁瀛驻遵义老城荷花池，梅治逸亦设部老城。因鲁瀛憎其作恶，梅治逸视为眼中钉，欲拔之而后快。是年 8 月 11 日，梅治逸佯令鲁瀛率军到正安县剿匪，于中途设伏，企图一举歼灭，被鲁瀛识破，中途返回。梅治逸又以赴宴为名欲诱杀鲁瀛，鲁瀛则诈病不出。8 月 18 日，梅治逸自恃势大，亲赴荷花池会鲁瀛。鲁瀛即叫手下李二顺等做好准备，决心诛杀梅治逸。遂以丝帕包头，佯装病态出厅迎接，使梅治逸放松警惕。梅治逸入房后发觉上当，以佩刀向鲁瀛砍去，鲁瀛以丝帕相挡，梅治逸只将丝帕劈断，旋被李二顺从背后砍死。滇军当局十分震怒，发兵五路进犯遵城，进行报复。鲁瀛思量，如誓拼死战，则遵义人民生命财产将受重大损失，遂于 11 月 27 日率部 700 余人北出四川投熊克武部。1913 年秋，随熊讨袁不克，赴上海，嗣入湖北军官学校学习近代军事知识。1916 年由鄂返川，仍入熊克武部供职，斯时袁世凯称帝，熊部响应蔡锷讨袁之号召，在四川展开对北洋军阀的战斗。鲁瀛每役俱从，尤其是丰都之战，战功卓著，故由营团递次擢升陆军中将，任建国联军前敌总军稽察处处长兼警卫司令官。

重庆逸事 护国战争结束后，鲁瀛任四川省重庆市城防司令。1925 年辞官居渝。

鲁瀛为人谋略胆识俱备，临阵身先士卒，为官清廉，尝谓：“除薪资是正分报酬外，其余一文不敢妄取。”又曰：“存心，做事总要有操守。”故对士兵甚为爱护，一旦战开，士卒多乐为之用，抑且爱护百姓，不准扰民，曾戒士卒：“行军以不扰民为本。”故其父志怀在致鲁瀛的家书中亦称“汝在黔、湘、川、鄂行军多年，尚无大恶”，并非溢美之词。

鲁瀛任重庆城防司令期间，认为治乱世须用重典，遂张贴告示：“本城司令，重在治安，如有犯者，杀之勿宽。”渝人素闻鲁瀛杀梅治逸之威名，见告示后收敛，秩序井然。又，重庆商船多有报告为水盗抢劫者，鲁瀛怒曰：“本司令法令严明，那得匪斗胆作案？再有诬告，

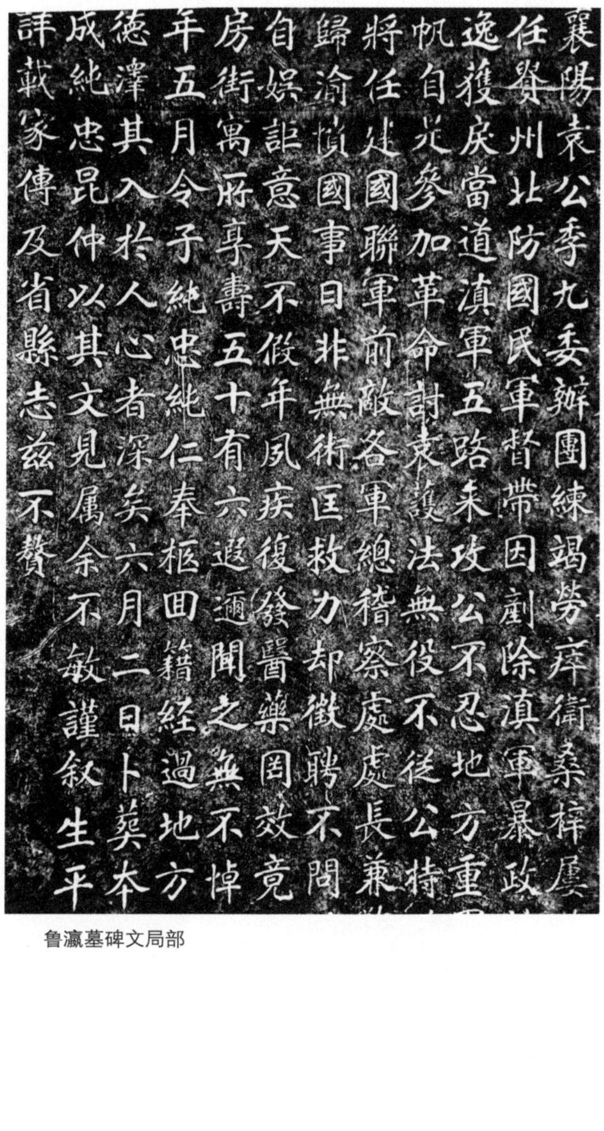
襄陽袁公季九委辦團練竭勞瘁衛桑梓慶
任黔州北防國民軍督帶因劃除滇軍暴政
逸獲戾當道滇軍五路來攻公不忍地方
帆自光參加革命討袁護法無役不從公特重
将任建國聯軍前敵各軍總稽察處處長兼
歸渝撤國事日非無術匡救力却徵聘不問
自娱詎意天不假年夙疾復發醫藥罔效竟
房街寓所享壽五十有六遐邇聞之無不悼
年五月令子純忠純仁奉柩回籍經過地方
德澤其入於人心者深矣六月二日卜葬本
成純忠昆仲以其文見屬余不敏謹叙生平
詳載家傳及省縣志兹不贅

鲁瀛墓碑文局部

严惩不贷。”表面不管，却暗中侦察，得悉巫山峡口一山洞有江洋大盗巢穴，乃以绳索坠兵而下，直捣匪窝，匪徒全部逮获。一时重庆商旅往返，胜于昔时。

同乡张兴凡在鲁瀛升职后，亦递升至团长之位，于 1960 年去世。1957 年，据张兴凡生前在鸭溪黄家茶馆回忆，鲁瀛在川期间，常与当地有名之士宴饮。至则取贵州家乡老窖待客。一次军中宴饮，诗兴上来，鲁瀛即席撰一对联：“抬一翁煮酒论雄问天下纷争谁能击虎，饮三杯挥戈驱贼云世间扰攘我敢屠龙。”人人拍手称好。鲁瀛虽平生习武，然颇具文才，善书法，解甲后归寓于渝，以金石篆刻书法自娱。又好书籍，藏书甚多，其中不乏珍本，可惜大都连同其诗文、书信散失。剩下此副对联流传在民间，仍可看出当年的才气与豪情。

教子有方 鲁瀛对子女教育甚严，不准倚仗其父权势而不图进取。由于督导有方，其子纯忠、纯仁、纯孝皆受高等教育。长子纯忠（1898—1951），字惠良，毕业于南通纺织大学，曾任革命军总司令部政治训练少校科长等职，离职后从医，曾娶妻廖惠贞、王淑君、戴克文。廖惠贞生六女：正生（后改名振声）、正云（后改名振荣）、正英、正群、正权（后改名茵）、正华；王淑君有养子正强（媳赵文芝，居鲁瀛故居）；戴克文生一女正玉（后改名胡子玉）。鲁正权毕业于贵州大学，曾参加中国人民解放军，后在云南省外贸厅等单位任职，高级经济师；鲁正华毕业于贵州大学，参加中国人民解放军。转业后，在上海市委宣传部、新民晚报社、上海人民出版社、上海社会科学院等单位任职。次子纯仁（1901—1938），字任予，毕业于上海复旦大学，曾任国民革命军中央陆军学校（黄埔军校）科长、漳州政治监察员、驻日本特派员等职。妻牟毓瑞，生一女鲁正康，毕业于成都地质学院，先后在地质部第四石油普查大队、贵州地质局一〇六地质大队任地质员、中小学教师等职。三子纯孝，字立华，妻赵文元生一子正登。纯孝居台湾，情况不明。

1931 年 4 月 6 日，鲁瀛在重庆病卒，归葬故里。为作悼念，有人在其墓碑上题赠一副挽联：“立德立功立言湘蜀至今思镇帅，不淫不屈不移溪山何幸葬英雄。”对其军功、政绩、人格、爱好作了全面概括。

名人与名村

花茂村面积不大，只有9.8平方千米，但在近两百年中，亦出现过对当地历史有影响的人物。如著名郎中刘照明，花茂陶瓷创始人曹廷海，设计捕杀把持黔北军政大权的云南军阀驻遵军警部长兼盐务督办梅治逸的鲁瀛等。此外，老一辈革命家陈云发动成立花苗田陶瓷工人工会，贵州省文联主席创作《花繁叶茂》，都与花茂村结下不解之缘。

◉ 历史人物

牟正邦（1788—1859） 生于今枫香镇保陇村。系清康熙初年，由四川迁居遵义的牟氏第十世祖，也是迁居花茂村的牟氏始祖。少怀大志，勤奋学习，饱读诗书，为道光年间（1821—1850）遵义庠生。是道光、咸丰时期（1821—1861）牟氏家族“一举人七秀才”之一，在遵义西乡颇具名望。后秉承父业，务农经商，置家立业，渐成牟氏首富。因原处保陇偏远贫瘠，为求发展，举家迁至花苗田九杵屯（今九子组），购买刘姓田土各 100 亩。牟正邦勤俭持家，为人宽容厚道，与乡邻交谊和谐，树立“能宽能忍能容，克勤克俭”家风，倡导“遇事听乡邻剖说，不好争讼”乡风，遂致花茂一带民风淳朴。故其后裔人丁兴旺，家丰业裕，生活殷实，颇受邻里敬重。

刘照明（1839—1906） 字晓东，清道光十九年（1839）四月生，遵义县西乡沙溪里花苗田大木堰人。后迁花茂白泥，继承其父刘树衡（字秉均，号平之）医术，成为当地著名郎中，擅长医治癫痫病、精神病。同时还是开明绅士。刘氏族谱谓之“习医术，懂诗文，性刚直，做事不恂情，捕缉匪盗，民德之”，深得邻里敬重。道光、咸丰年间（1821—1861）兴建药铺院落（今花茂村药铺组）。1935 年中国工农红军长征进驻花茂，一部分红军驻扎药铺院落，并在院落板壁上书写标语。第四代孙刘源长、第七代孙刘仕兴继其医业，在当地开办诊所。

曹廷海（1871—1933） 字华亭，清同治十年（1871）正月生。四川省川东道重庆府江津县三都五甲地名窑厂人氏。光绪十六年（1890），由川入黔，落业遵义县枫香南京坝，与当地吴氏通婚安家。曹廷海率先在花茂沈家坳口（今浪头村民组）开办红陶作坊，是花茂土陶技艺创始者。后来搬至花茂白泥坡（今花茂村合丰村民组），与其长子曹永兴开办曹家陶罐厂，生产日用陶瓷产品。1933 年 12 月 22 日在花茂乡白泥坡窑厂去世，归葬于南京坝青龙嘴。1956 年合作化时期，曹廷海四子曹明楷等 8 家土陶作坊联合成立花茂红陶社。其后人曹在乾、曹在良、曹在明、曹在宽、曹在坤、曹在本、

曹廷海（画像）

曹在国、曹在伦、曹在得、曹在华、曹在勇、曹在伟、曹邦正、曹邦亚、曹邦娣、曹平、曹有礼、曹邦伟、曹明、曹邦祥、曹邦健、曹邦武、曹邦国、曹邦烈、曹邦强等相继传承其土陶技艺。

鲁瀛（号屏周）

鲁瀛（1875—1931） 民国初年重庆城防司令。字宗藩，号屏周，遵义县枫香花茂人。少读儒书，长为生员，好习武。清光绪三十二年（1906），受委办西乡团练。1912 年 1 月，应遵义军政分府之邀，率队入县城维持秩序，一鼓扑灭滞留县城作恶的“先锋四队”。后任贵州北防军督带，屯兵遵义老城。6 月，滇军据黔都督唐继尧派军警部长梅治逸（若愚）为遵义盐务督办，兼辖北防各军。梅治逸肆权逞虐，危害百姓。是年 8 月 18 日，鲁瀛将其扑杀，各界称其“为乡人除一大害”。唐继尧令安义镇总兵兼西防统领刘世潜率部报复，鲁瀛恐战祸殃及百姓，遂率部 700 余人于 11 月 27 日离遵去重庆，投川军熊克武部。次年随熊部讨袁世凯失利，赴上海，后转入湖北军官学校学习。1916 年初，由鄂返川，仍在熊部供职。时值袁世凯称帝，熊部响应蔡锷号召，出兵护国。鲁每役必从，以军功递升陆军中将，任建国联军前敌各军总稽察处处长兼警卫军司令官。后任重庆城防司令，严令整顿治安，地方安靖。1925 年辞官居渝。1931 年 4 月 6 日病殁于重庆寓所，次年归葬故里。娶张氏生三子纯忠、纯仁、纯孝。

刘金钿（1903—1930） 字继汉，清光绪二十九年（1903）腊月生，遵义县沙溪里花苗田红壁头（今花茂村万里组）人。出生于殷富世家，机警敏锐。年少时，家中遭到土匪抢劫，出面与匪周旋一阵后，全家顺利脱险。因感世乱，遂入崇武学校，学术兼优，长官皆器重。毕业后，屡任部队长官，克尽厥职，每战必绩，数年后任湖南独立第六师第二团上校团长。性格刚直，治军甚严。1930 年 4 月，师长陈汉章被其第四团团长李宝臣刺杀后，为争夺师长职位，李宝臣与副师长陈渥所部激战 2 月。属陈渥阵营、时任第一团团长的刘金钿在沱口（今湖南洪江市托口镇）一战中阵亡。归葬于遵义府西乡沙溪里七甲地名土坝后窝堡。

蔡清云（1914—1988） 花茂村红岗组人。1935 年 3 月初，红军进驻花苗田时，在蔡清云家设有办公室、收发室和审讯室。3 月 9 日，红军在苟坝水口寺召开会议，发动群众成立抗捐委员会，蔡清云当选为会员，随后为红军带路打土豪。红军离开后，国民党反动派反扑，追杀帮助红军的群众，蔡清云避走遵义城，在盐行街当帮工。解放后回到花苗田，参加农民协会，为农协会会员。1984 年,《经济日报》记者罗开富曾到花茂采访蔡清云。蔡清云去世后，其住房为子蔡茂福继承，堂屋墙壁上仍保存 5 幅红军标语。

蔡清云（1984 年）

张家才（1917—1988） 出生于江西省于都县银坑镇羊河村冷水塘组。10 岁加入儿童团，1931 年参加红军，后任红九军团卫生部某班班长。1935 年 3 月在仁怀长岗、井坝堵截敌军皮胜恒的战斗中负伤，到枫香坝后与部队走散，流落到保海，被平安乡乡长、开明绅士牟直卿营救。后来，被花苗田岗石台牟世昌（牟直虎）收留并安家落户。1988 年 12 月 23 日去世，享年 71 岁。生二子名张全、张生怀。张全为花茂中学教师，1946 年生，已退休。张家才故居堂屋墙壁上仍存红军标语 1 条。

张家才（20 世纪 90 年代）

侯人伦（1919—2000） 字伯常，花茂村人。幼习古文诗书，善书法，身怀土陶技艺。受老红军孔宪权（红军长征时负伤留居本地）等人的影响，思想先进，为人正直，乐于助人。1950 年，曾为解放军剿匪小分队向导，带领解放军歼灭隐蔽在孔家大林（今金竹村窑上）的土匪，被授予“西南解放纪念章”一枚。继后，担任花茂村农协会领导，积极参加土地改革，曾作为农协代表多次出席遵义县相关会议。

◉ 名人与花茂

陈云发动成立花苗田陶瓷工人工会 1935 年 3 月 8 日，中共中央发布《为粉碎敌人新的围攻赤化全贵州告全党同志书》，号召党和红军队伍发动群众，建立各种革命组织。3 月 9 日，陈云随中央红军军委纵队进驻花苗田，并立即开展各项地方工作，发动陶瓷工人吴寅生、吴向南及沈国安、沈泽舟、吴开元、肖树元、郑海舟等组织成立花苗田陶瓷工人工会。

熊钰在街场口遇难 熊钰（1890—1935），女，出生于枫香一个贫苦农民家庭，成年后结婚到七里沟刘合兴家。生育二子不久后丈夫去世，次子于荒年饿死，后年仅十三四岁的长子外出逃荒帮人，也因无钱治病死去。熊钰与苟坝贫苦农民萧泽龙再婚后，靠种二三亩薄地和帮人度日，没有生育子女。红军到来后，熊钰积极报名参加新成立的苟坝抗捐委员会，主动帮红军办米、煮饭，为红军带路打土豪、民团。红军离开后，国民党区长刘焕章指使其爪牙王少华、王建奎，把熊钰抓了起来，以“通共匪”罪名，将她绑在花苗田街上场口猪市坝的大枫香树下（今街上组余成贵住房处，小地名白家屋基田），残忍杀害。当地群众文绍清（住今联合组）等人将其遗体埋葬在飞奇山上天生田中。

熊钰

欧阳黔森创作《花繁叶茂》 欧阳黔森，1965 年 10 月生于贵州铜仁市。国务院特殊津贴专家，曾获全国“德艺双馨文艺工作者”称号。贵州省文联主席、贵州省作家协会主席、贵州文学院院长，民进贵州省委副主委。2017 年端午节前后，在花茂入驻 20 余天，创作报告文学《花繁叶茂，倾听花开的声音》，9 月 15 日在《贵州日报》发表，10 月 16 日在《光明日报》发表，12 月 20 日在《人民日报》以《花开有声》标题发表。收录于《播州文艺》2017 年第 4 期。同时创作 30 集电视连续剧文学剧本《花繁叶茂》，采用轻喜剧的表现形式，以花茂村为蓝本，展现遵义新农村的变迁与脱贫攻坚的决心。

2017 年 8 月 17 日，欧阳黔森在《花繁叶茂》创作座谈会上发言

大事纪略

影响花茂的重大事件，有乡人筑寨拒黄号军、鲁瀛杀梅治逸、中央红军入驻花茂、开展“四在农家·美丽乡村”建设、中央电视台“心连心”艺术团慰问演出，中央电视台《焦点访谈》栏目报道花茂村脱贫情况等，花茂村享誉国内外。村党总支部获“全国先进基层党组织”称号，众多荣誉接踵而至。

◉ 清同治三年黄号军攻破西霖寨

清同治元年（1862）二月，生员王维藩倡议在花苗田庙坡山顶筑寨，名西霖（宁）寨，是时为遵义西乡所筑众多寨堡中易守难攻的寨堡之一。庙坡山高 90 米，独立如桶，陡峭难攀。首任寨首为生员王金音。次年，王应春任寨首。同治三年（1864）四月，黄号军汪草墩攻破西霖寨。此后山寨废弃，今仅存遗址。

庙坡山（北侧）

庙坡山上西霖寨遗址（2017 年）

◉1912 年鲁瀛杀梅治逸

鲁瀛杀梅治逸刀具

1912 年 3 月，云南军阀唐继尧率领滇军侵黔，唐部驻遵义军警部长兼盐务督办梅治逸把持黔北军政大权，残暴异常，甚至纵兵掳掠，民不堪其扰。时任贵州北防国民军督带鲁瀛（号屏周），花茂沙堰人，时驻遵义老城荷花池。梅亦设部于老城，因鲁瀛憎其作恶，欲以请赴宴为名诱杀鲁瀛。是年 8 月 18 日，梅治逸自恃势大，自到荷花池会鲁瀛，鲁瀛将计就计，埋伏团练兵丁，袭杀梅治逸及滇军等 20 余人。

◉1935 年中央红军入驻花茂

1935 年 3 月上旬，中国工农红军第一方面军入驻花苗田，组织成立花苗田岗石台

花茂蔡清云故居（2017 年）

（今红岗组）武装游击队。是月，花苗田陶瓷工人工会、苟坝抗捐委员会成立。3 月 9 日至 11 日，军委纵队驻花苗田，书写标语六七百幅，发动群众打击土豪。

2013 年起开展美丽乡村建设

2013 年 11 月，贵州在全省推进“四在农家 · 美丽乡村”创建活动，实施“小康六项行动”计划，即“四在农家”升级版。遵义县在“四在农家 · 美丽乡村”创建中，按照“1 ＋ 5 ＋ 5”模式打造新农村升级版。枫香镇按照此建设规划及要求，聘请浙江大学生态规划与景观设计研究所专家现场考察，进行详细规划。

2014 年，对白泥片区花茂陶艺文化创意一条街 44 户居住房进行升级改造。主要对房屋立面粉刷、吊顶和将庭院地面铺砖；此外，共在农户庭院中建葡萄架 5 个，建朝门 17 座。至 2017 年，全村 800 多幢黔北民居均进行不同程度的改造，不但融入小青瓦、坡屋顶、转角楼、三合院、雕花窗、白粉墙、穿斗坊七大元素，还融入翘檐、垛脊、吊脚楼、美人靠等传统元素，村容村貌焕然一新。

花茂村白泥片区（2015 年）

2015 年 1 月 5 日，中央电视台“心连心”艺术团到花茂村慰问演出

◉ 2015 年中央电视台“心连心”艺术团慰问演出

2015 年 1 月 5 日，中央电视台“心连心”艺术团在花茂村陶艺街慰问演出。该演出是中宣部等五部委联合开展的 2015 年元旦春节期间“我们的中国梦——文化进万家”活动项目之一。耿莲凤、蔡国庆、吕继宏等在“红色遵义”“绿色遵义”“多彩遵义”三个章节的演出中尽展才情，歌曲、小品、相声、杂技相互交织，令人难忘，催人奋进。

◉ 2015 年《焦点访谈》栏目报道花茂脱贫

2015 年 12 月 27 日，中央电视台《焦点访谈》栏目以《花茂脱贫记》为题，对花茂村近年来开展脱贫的情况进行专题报道。报道总结了花茂村脱贫致富的五招：发展靠修路、环境靠种树、技能靠培训、农民变商人、文化唱大戏。报道最后指出：到 2020 年仅仅只剩下 5 年时间，全国要解决 7000 多万人口脱贫问题，从国际上看也没有先例，需要从上到下的全国总动员，采取超常规的扶贫举措。花茂的经验值得借鉴。

◉ 2016 年叶辛率团采风

2016 年 4 月 16 日，著名作家、中国作协副主席，上海市文联、作协副主席叶辛率中国作协“重走长征路”主题采风团到苟坝、花茂采风，感慨：“苟坝、花茂真是世外桃源、养眼养心的好地方。”

◉ 2016 年村党支部获“全国先进基层党组织”称号

2016年5月，花茂村获“全省党建扶贫示范基地”称号。6月，花茂村党支部获“全省先进基层党组织”称号。7 月，花茂村党支部分别获中共中央授予的“全国先进基层党组织”称号和中共遵义市委、播州区委授予的“先进基层党组织”称号。

漆树湾（2018年）

附录

◉1935 年国共两党提及花苗田的电文、日记、日志

1935 年 3 月，红军电文提到花苗田的有 7 封 11 处。① 第一封，1935 年 3 月 5 日，朱德、毛泽东关于首先消灭萧、谢两师的作战部署：“……我军有首先消灭肖、谢两师之任务，明六日部署如次：甲、一军团及干部团为右纵队，于明六日拂晓取道花苗田向长干山、枫香坝之间攻击……总后方在鸭溪、花苗田至遵义地域。”第二封，3 月 6 日，红军前敌司令部行动部署：“判断此敌暂无前进之意，已再告出动的三军团，即驻白腊坎、椒花坝、兴隆场地域，所队向长干山、禾平；今已停止行动的一军团，即在花苗田、鸭溪休息；五军团及干部团今日在鸭溪附近，明日或撤遵城集结；军委纵队在原地不动。”第三封，3 月 10 日，军委关于寻求机动歼敌的部署：“明十一日敌将沿马路继续攻遵义，黔敌从马路以西迂回，企图截断我九军团向西的道路。决定，明十一日放弃遵义，主力集结长干山、平家寨、花苗田寻找新的动机，因此，九军应于明十一号拂晓前脱离黔敌之迂回外围。军委明日仍在花苗田以西之狗 ② 坝。”第四封，3 月 11 日，军委指示各兵团行军路线电：“各兵团到达集中地点后，应即进行下列道路的侦察：五军团由长干山、大王寨经太阳坪、骑马山到平坝、楠木坝的道路及骑马山到罈厂，平坝到仁怀的道路；一军团由平家寨经何家湾到三合土、罈子口的道路，及由纸坊、干溪、经黄金坝、三元场到二郎坝的道路；三军团由花苗田到三元场的道路。”第五封，3 月 11 日，朱德关于我军不进攻新场的指令：“据昨前两天情报，犹旅已由西安寨退泮水，如见我大部则续退新场。滇军鲁旅已到黔西，十二日可到新场，安龚两旅则跟进。依此，我主力进攻新场已失先机。因为我军十二日才能到新场，不但将为滇黔两敌所吸引，且周川两敌亦将出我侧背，如此转移更难，所以军委已于昨十号二十一时发出集中平家寨、枫香坝、花苗田地域之电令，以便寻求新的机动，望准此行动。”第六封，3 月 10 日，军委关于我军十一日行动部署：“(甲）敌情另告……C. 第三军团应集结于花苗田、枫香坝，向遵义及大渡口方向警戒并游击侦察。”第七封，3 月 27 日，朱德关于我军改从鸭溪、白腊坎向西南转移对二十七日行动的部署：“……乙、因此，我野战军原定从长干山、枫香坝之

① 资料来源：吴德坤：《遵义会议前后红军军事电文选编》，中央文献出版社，2011 年，第 245、246、248、255、258、259、260、314、315 页。吴德坤：遵义会议纪念馆原副馆长。

② 应为“苟”。

间突围已不可能，决改从鸭溪、白腊坎地域向西南转移，并规定今二十七日部署如下：A. 一军团应由纸房、狗坝经过花苗田后隐蔽休息，然后分两路于黄昏时进抵鸭溪地域，监视和包围鸭溪之敌，切断其通遵义、白腊坎交通，右与三军团连络，侦察由鸭溪、红毛坝、张石坝到六古[①]塘及底水河的道路，以便明二十八日由泮水河的下游渡河。B. 三军团（缺第十团）应由干溪经保海开至红石以北隐蔽休息，待一军团通过后即由花苗田进至白腊坎地域，监视和包围该地之敌，并向枫香坝进行佯攻，切断白腊坎通各方交通……D. 五军团应由干溪与三军团取平行路，经庙林坝开至花苗田以北隐蔽休息，然后随三军团后跟进白腊坎以北地域，并准备明日经白腊坎、马蹄石在三军团右侧行动。”

1935 年 3 月，国民党军的电文有 2 封 3 处提及花苗田，并且均是蒋介石亲自发出的命令。[②] 第一封，3 月 7 日，蒋介石关于向黔西挺进给周浑元、吴奇伟电：“鸭溪之匪，今晨窜石沟、太平场一带。鱼未电称，石沟附近已无匪迹，但枫香北花茅（苗）田

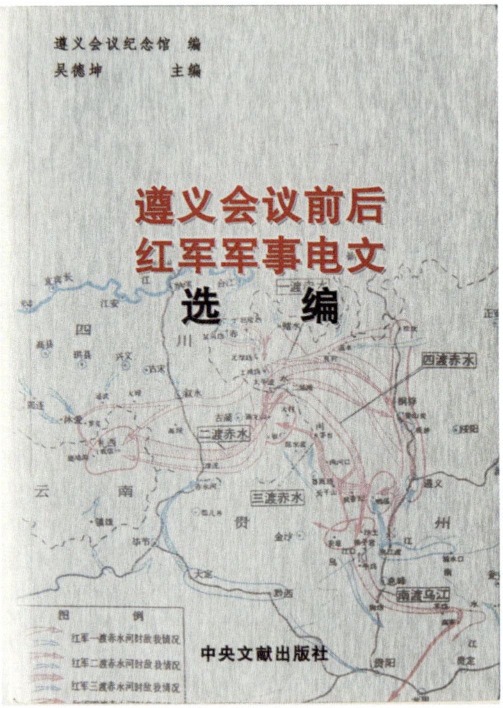

《遵义会议前后红军军事电文选编》封面

① 应为“角”。

② 资料来源：吴德坤：《遵义会议前后国民党军事电文选编》，中央文献出版社，2012 年，第 259、281、282 页。

（一）带，窜到匪甚多云。据此推断，花茅（苗）田之匪是由遵义继续窜来之后侧卫，其鸭溪之主力，昨晨已窜过石沟西进矣。”第二封，3 月 13 日，蒋介石关于在长干山附近消灭中央红军的命令：“吴纵队由鸭溪、白腊坎、枫香坝、花苗田方向兜剿，务限于十五日前占领白腊坎。如届时匪已西窜，应即跟踪追剿，并归周（代）总指挥之指挥。”

除电文外，红五军团参谋长陈伯钧日记有 2 则、中革军委第三局政委伍云甫的日记有 2 则 3 处、遵义会议纪念馆原副馆长费侃如《红一方面军长征日志》有 8 则 9 处记载花苗田。

陈伯钧日记。第一则：三月九日，晴，由金刀坑经才溪[①]至花苗田，约三十里。近一、两日有与敌周浑元部接触可能，我们今日十二时以后即准备出发。第二则：三月十日，雨，行军——由花苗田至沟[②]坝，五里。今日我欲试验我之脚力怎样，竟完全步行，未坐担架，还勉强能跟上部队。到宿营地后，因雨阴十分无聊，只是埋头看小说和睡觉。

伍云甫日记。第一则：三月九日，晴，十二时随一分队出发，经花苗田至狗坝附近宿营（据云：后梯队宿营花苗田），行营三十余里。第二则：三月十二七日，晴、下午风，自干溪出发，遇周、李给汽油一瓶，在横井大休息；十八时继续前进，经构[③]坝、花苗田（已次日六时）通过封锁线，次日下午一时至底坝。是夜三十分随队“9K”工作，交三十分队代转滑油一桶给四分队。

费侃如《红一方面军长征日志》有 8 则 9 处记载了军委纵队驻花苗田及各军团经过花苗田的情况。第一则：3 月 9 日，军委决心与国民党军周浑元部决战……军委纵队驻花苗田。第二则：3 月 10 日，林彪、聂荣臻建议攻打打鼓新场（金沙）……军委纵队驻花苗田。第三则：3 月 11 日，毛泽东说服周恩来……军委纵队驻花苗田。第四则：3 月 24 日，蒋介石由重庆飞抵贵阳“督剿”……三军团进至青杠坝、偏岩塘、干溪、纸房、苟坝、花苗田一带，司令部驻花苗田。第五则：3 月 26 日，何长工任九军团政治委员……一军团经纸房、苟坝抵花苗田一带，司令部驻纸房。第六则：3 月 27 日，九军团佯装红军主力作北渡长江状……军委纵队经花苗田、苟坝，进抵底坝、后坝。第七则：3 月 28 日，三军团冒雨进抵乌江北岸……九军团进至花苗田一带。司令部驻马鬃岭。第

① 才溪即鸭溪。

② 应为“苟”。

③ 应为“苟”。

八则：3 月 29 日，红军先遣队乘竹筏渡至乌江南岸……九军团经花苗田向干村转移。

◉ 花茂陶瓷创始人曹廷海入遵记[①]

曹氏入遵一世祖廷海，系四川省川东道重庆府江津县三都五甲地名窑厂生长人氏，生于清同治十年（1871）辛未正月廿三日丑时，卒于 1933 年十二月廿二日戌时，在贵州省遵义县花茂乡白泥坡窑厂因病去世，归葬于南京坝青龙嘴茅台，享年六十三岁。一生事迹：

从小给富家看牛，故不识字。稍长及向尧家学习陶器手艺，由于勤奋钻研，全套技术亦精，后教门徒数人，尚有绿釉药及跑地车等，门徒等未有学者。他在学艺时，由于时代背景，还学上了一手打术，他一人能抵抗三四十人。青年时，当余栋成在四川赶走洋人，他参加了这运动，后由于外人势力强迫，清政府腐败无能，反攻击余党，祖父被提至重庆下狱，判处死刑。当时由于祖父对人守义，亲朋等借看望为名，暗地里运送了卅多把钥匙入狱。祖父待天黑，将钥匙透（开）至第廿把，突然把腰上拴锁的铁链打开了。正是：追打洋人将待死，戚亲送钥又逢生。

他轻轻地把铁链稳拿在手中，看守好像在打瞌睡，他硬把看守喊醒说："老子要跑了。"连交代了三次，看守还不不屑一顾道："哪里跑得了！"结果，祖父将铁链猛地向看守头上打去，随即逃跑。奋力地跑过大街，穿过小巷，越过城郭，忽掉在一个久无人走动的小厕所里，这厕所周围及坑里都生的是刺人的禾麻。他在这里休息了下来，突然后面灯笼火把蜂拥赶上，一阵乱石打下，彼不见动静而过，接着第二道追兵亦如此景而过。稍停，祖父见追兵去远，即逃奔至一道小河。追兵又至，凑巧，河沟堤上有一个洞，祖父即隐避在洞里，追兵的乱石长竿虽急往洞里探索，祖父亦未受伤而星夜奔回厂里，已鸡鸣二更。祖父见屋内还有灯亮，从窗缝望去，见师母娘还在缝衣服。他不敢大声喊，只得细语叫着，师母娘总听不见。没法，只得抓了一把泥沙往屋窗上抛去，反惹得师母娘骂起来。他急向师母娘说了名字，师母娘只认为他是"鬼魂"，怕得要命，急得他喊了一个人来给他打着伴，再问清楚了，两人才拿着武器（刀子），用力将门撬开，望了一下动静，祖父才进了屋。师母娘弄饭给祖父吃了，把厂里工人的十几床被子收来

① 摘自曹在乾：《一世祖曹廷海》，个别文字有改动。

放在厨房灶后的窄巷里，安置祖父睡在里面。师母娘端了一根小矮板凳坐在那里，仍然缝起衣来。刚安排完，天还未亮，追兵已经到了厂里，到处搜索不得，几次强迫师母娘离开而寻被子里，师母娘不准而感慨地说："人是出气的，把人叠在被子里面还能活吗？我这里没有人，请快走。"这时祖父在被子里想着"生死在此一举，倘然被捉，也要拼他几条狗腿的命"。结果，追兵拿师母娘没办法，只好离开走了。三代孙在乾题词以叹：壮胆曹公，夜脱险凶。禾池堤洞天助翁！归厂犹患，絮棉避祖。死而后生谢尧母！

追兵为什么会轻易走了呢？一方面认为被子里藏不了人，一方面因为当时风气，男子不能近妇人的身边，因而撤去。第二天晚上，尧母备好饭菜待，对祖父说："今天是你的死期，厂里的师友们凑了十几吊钱（清朝的小钱），给你买办了棺木准备今天搬你的尸体，还剩下一些钱是给你买纸钱用的，现在你吃了饭，把这些钱当着路费逃走吧！"祖父告辞尧母，星夜动身，因而入贵州，落业于遵义县南京坝，身上还存六百文钱，乃做陶业以为生计，后娶祖母吴氏（死后葬于本乡白堰坡），育父辈弟兄五人，永字辈兴、林、昌、芳、安是也；姑母三人，均成长立业。

祖父落业后，勤俭持家，辛勤劳动，生活渐为富裕。当父辈力气方刚时，劳力亦强，积资愈多，乃迁（花茂）泥巴山开辟陶器厂一间，修造房屋，兴卖田地四十石于南京坝，典当二十石于荒茅田，家资亦富。

祖父晚年，因处处种植鸦片，唯恐父辈及门徒染上烟毒，即规定每日劳动制度，建立俱乐部，休息时以进行娱乐，因此我辈不赌博、不盗窃、不抽烟、不嗜酒，此实祖父之治家佑子之良策也。

◉ 鲁志怀给子鲁瀛家书①

一函云：

余谨守文学公所遗家法，弱冠读书未成，壮年务农为业。长男宗藩（即瀛）令读书，次男宗儒学裁缝，三男读书未成且壮年而丧。余无他能，但以读书耕田为本，以耕田养家，不以做官养家，即今日宗藩由文生入军界，要认定系义务性质，非权利性质也。曾文正公云：为官以爱民为本，行军以不扰民为本。要将我比人，望亲戚朋友中出

① 摘自《历史名人鲁屏周》。

一人才，得一官；望有利于我，非望有害于我。又地方人望得一好官，望保也，非望扰害他也。我若一旦有权，任我所为，欺侮人民，敛财搜括，一朝失败，轻则仍然受累，重则身命危险，子孙受报。试看贪官污吏，子孙有几人昌达？汝辈宜引以为戒，至当。地方绅耆尤要小心谨慎，凡所居游，非亲戚即朋友，非宗族即邻里，生于斯长于斯，田园庐墓，均在于斯。当盛时，我欺凌人；当败时，人亦必欺凌我，甚有报仇甚过数倍。试看昔日之以强凌弱者，以众欺寡、以富欺贫者，不上十年，强者变为弱者，众者变为寡者，富者变为贫者，思之不寒而栗。只有忠厚有德者，今尚存，且渐渐光大。要学忠厚有德者，以强者、富者、众者为戒。

余年十四五岁经洪杨之乱，地方糜烂达于极点。凡不正行为，我未尝犯，继而教学谋生。三十岁即耕田以养家，五十七八岁始休息，然犹亲行督饬农工，未尝欺侮人。然人之酬报我也亦厚，如民（国）十二（年）我被匪拉，阖县城乡绅士筹款赎我，匪不惟不要钱，反以极隆重之礼仪接待，派人送我回家，邻里戚属之被拉者，因我关系亦同免于难，是民国来所无之事也。

我今年八旬矣，时时以忠厚存心，恐稍涉刻薄，每日黎明即起，躬理家务，不以为倦，所望于汝弟兄有三：

（一）立身。知识要新，道德要旧。所谓新者学术工艺是也，所谓旧者，孝悌忠信，礼义廉耻也。

（二）治家。以耕田读书为本。男女成人，务必人人有职业，否则流为游民，懒惰成性，为盗贼、为乞丐，即无职业之所致也。吾乡某某，昔为富家，今子孙无着，即所谓懒惰成性，一业不习使然，若有职业，何至于此。至习勤俭，戒嗜好尤为重要，人能习勤俭则家必兴，若懒惰又奢侈，则家未有不败也。断不可好虚荣，学华丽风气，宁可人笑我鄙陋。若洋烟、赌博与嫖，切不可犯，务要遵守。文学公之守职业、习勤俭、戒嗜好三条行之，此系人生存亡之基，能是则存，反是则亡，故为汝弟兄叮咛告之，能遵守则为孝子贤孙，反之则为不肖，实自害也。

（三）处世。不可固执己见，亦不可与世同流，若过于固执，则必不容于世，与人不合，妨碍一身事业；若同流则易染不好气习，久之我亦同流于坏习与居化，鲜有不败名失节也。存心做事，总要有操守，交友须要和平，心中要有分寸，断不可随化。余谨守文学公家法十二条，汝弟兄即为孝子，余年八旬矣，后即以此为遗训也。

又一函云：

宗藩吾儿，知悉。余今年精神不如昔年，恐难相见矣。余为汝事，一次逃亡，两次被抄家，余坦然无忧，毫不介意，盖汝系为国为地方也。能体我志，余死亦瞑目矣。

有数事汝谨记之:（一）戊寅年（1878）汝年四岁半，余在小站教学，早晚负汝而行，为汝讲阴骘文一通，余之马褂扣子，均被负汝落尽。（二）庚子年（1900）汝入学回家，来祖宗前叩头，余令汝背阴骘文一通。（三）丙午年（1906）汝出办团带乡兵，余告汝云曾文正公家训，为官以爱民不要钱为本，带兵以不扰民为本，汝以地方绅士资格出而办团带兼统乡军，虽非官，有为官之责、带兵之务，须遵守此二语，否则贻害地方且自害也。（四）民国元年汝任北防军督带兼统地方团练，余常以不要钱不扰民告汝，及盐务督办梅治逸残杀地方人民，搜括地钱财，汝为义杀之，与民除害，黔督唐继尧令兵五路进攻，同事以死守与城同亡劝汝。余以汝为地方出来办事，今以为民之心反来扰民，何以对地方父老？汝其避之以保全地方。是年十二月，汝率兵千余到川投前川督熊锦公。此量熊公为川军第五师师长，余随汝到渝，吾家被抄，衣物银钱为之一空。（五）民国二年春，余思汝二三弟强别汝回家。秋，汝随熊公讨袁逃上海。唐继尧以不获汝之故，复将吾家再抄，衣物银钱又一洗而尽。汝妻张氏在渝闻知，且人误传余受伤，将眼气瞎。民国六年妆由鄂返川，随熊公复任军职以至今日。闻汝在川在湘均不致有大恶劣名声，然要加勉。须知带兵系义务性质非权利性质，要为农为商之钱，始可遗传子孙。若做官带兵，只有薪资可要，否则乱要钱，刮取民脂，等于盗贼矣。至于治兵尤要谨慎，稍不严格兵之扰民即汝之扰民，且更甚于汝之扰民也。汝只一人，兵则数百数千以至万人也。相距远，不及面言，余年八旬无所虑，惟望汝遵守余家家法及平时余之告诫。曾公为官，以爱民不要钱为本，行军以不扰民为本二语，汝当书于案左与身上，能遵守则为余之孝子，否则不肖余死不瞑目矣。至于家事悉遵文学公遗训及余平日之函，恐无相见之日矣。汝宜谨记故重述。

戊辰年六月一日

◉ 鲁文学遗留家法①

一、重亲爱。凡我族中无论亲疏，务须和睦。上爱其下，下敬其上，不得以下犯

① 摘自《历史名人鲁屏周》。鲁文学为花苗田鲁氏第五代，鲁瀛高祖。

上，以尊凌卑。

二、严礼法。家庭内上下长幼，各守礼仪，不得猥亵嬉戏。男女内外，尤当分别内房寝室，非至亲不得进出。出作入息，饮食起居，必有秩序，不得紊乱。余遵朱柏庐先生治家格言与司马温公家仪。

三、守职业。男女均须读书，具普通知识。有力者，普通毕业后则习专科，以广造就。否则农工商必择一业，以谋生计，断不可不执一业，流为游民。

四、习勤俭。凡人能勤与俭，则家必兴；惰与奢，则家必败，古今皆然。二十岁至五十岁期间不准不做事。尤必致力各人所守之业，五十岁以后者听，衣食住三项不准过于华丽，以简朴为主。

五、戒嗜好。凡赌钱吃洋烟淫荡等不法行为有犯者，凭族议罚，重者逐出族外。

六、相庆吊。凡我同族，原本一脉，每遇喜忧，必互相庆贺吊慰扶持，如冠婚丧祭意外灾变之类。若人有事，漠不相关，己有事而求于人，人亦必置之不顾。务须竭力相助为要。

七、护坟墓。无论亲疏坟墓，均宜保护，毋许侵犯。每遇上元灯节清明，拜扫最宜。坟台聚会一次，木石花草尤宜扩蓄，不准砍伐损坏，更不准变卖。

八、谨祭祀。祖宗生辰祭日与岁时节气，宜诚心斋戒，洁酒食祭奠，照家礼行之。

九、慎择嗣。凡族中有乏嗣续，而子女均无者，择继必须由亲及疏，尤必须选择贤良。

十、春节会。凡族中，无论亲疏岁首及清明，必须各聚会一日。地点或在祠堂，或在族长家中，或由房数次序轮流均可。此日上祭祖先，下以报各房一年内生产及死亡男女年月日时于谱统计之，以考察阖族人口之盛衰。日期由族长预先通知。若路过远或有其他要事不能亲到者，须委托代表或用函报族长，申明不到理由及本房年中生产与死亡人数时间，并得发表意见。

十一、序排行。我族字辈次序从文字起，编字二十个轮转。文曰：文思国志宗，纯正克修容，培源光世泽，德绍永成雍。凡族中无论生产男女，均以此为序而名，不必另取小名。

十二、遵家法。凡我族中男女，不问老幼，务宜遵守家法。关于族内事件，凭族中公议，遵族长处理，勿递与讼，以伤一本之爱。

规范种植的莲花白（2017 年）

花茂村村规民约

为使本村的工作达到“自我教育、自我管理、自我服务、自我监督、自我约束”的目的，推进我村民主法制建设，维护社会稳定，创新社会管理，推进移风易俗，树立良好的村风、民风、婚育新风，建成生产发展、生活宽裕、乡风文明、村容整洁、管理民主的社会主义新农村。根据有关法律法规，结合本村的实际情况，根据村民自治章程，制订本村村规民约如下：

一、计划生育。模范执行计划生育政策，严禁买卖和包办婚姻，遵守我国传统美德，严禁非婚生育。认真学习《中华人民共和国计划生育法》和《贵州省人口与计划生育条例》。

（一）提倡一对夫妇生育 2 个子女。符合结婚条件结婚的，要依法办理结婚登记手续并主动在当月到村委会登记，积极参加免费孕前优生健康检查的方能办理母子健康手册（生育证）。

（二）计划生育利益导向“四项制度”即“奖励、保障、救助、优惠”等政策，村委会要公平、公正、公开，即使按规定为村民办理。

（三）违法生育家庭要主动向村委会上报违法生育情况，并积极配合调查，按政策规定缴清社会抚养费。

（四）持生育证人员应按时参加孕情监测和生殖保健检查，若外出务工，须按时寄回检查结果，孩子出生 24 小时内向村委报告。

（五）流入我村的育龄妇女，房东或用人单位应查结婚证和身份证、户口本等相关证件，并于 10 日内报告村委，纳入同管理、同服务对象。

（六）保障适龄儿童受教育的权利，父母不得以任何借口剥夺孩子读书受教育的权利，违者按相关法律法规追究责任。

（七）村委要保护好农村妇女的合法权利。

（八）对未按照规定履行好相关义务的违约家庭，暂缓办理相关审批手续，待其履行义务或达到谅解后再行办理。

二、村民建房必须服从规划，按规定程序审报，在领取批复后，按批准的地点和面积施工建房，做好安全工作。严禁违法违章建筑，对实施违法违章建筑不听劝阻的，村委会上报相关职能部门依法强制拆除。

三、村民定期开展普法宣传教育，全村村民都要自觉维护社会秩序和公共安全，不扰乱公共秩序，不阻碍公务人员执行任务，积极同一切违法犯罪行为作斗争。党员干部村两委要起到带头作用。

四、村民之间要团结友爱，和睦相处，不打架斗殴，不酗酒闹事，严禁侮辱、诽谤他人，严禁造谣惑众，挑拨离间，应树立依法维权意识。积极参加社会治安治理，带头学法、守法，不参与赌博、不搞封建迷信活动，不贩毒、吸毒和种植毒品。

五、村民在表达合理诉求时，村委会随时接纳村民提出的建议和批评，村民认为个人利益受到侵犯时，应通过正常渠道合理维权，不可越级上访，更不得挑动他人聚众闹事。

六、搞好环境卫生。农户落实门前三包（包卫生、包秩序、包美化）责任制，自觉搞好家居卫生，做到房前屋后无积水、无杂草、无垃圾，户外物品摆放整齐有序，生活垃圾放入指定线路上的垃圾池，杜绝乱扔、乱倒现象。养成良好的卫生习惯和社会公德。在公共场所不乱扔果皮、烟蒂、废纸等不良行为，严禁将垃圾、农药瓶等各种垃圾倒入各大、小沟渠；不允许在河里养鸭、养鹅；不允许在河里投毒、撒网捕鱼；严禁占用道路及公共场所乱放建筑材料。自觉养路、护路，不在道路上乱挖排水沟，不在道路上晒农作物，侵占路面，不违章建筑，对堆放的废土、乱石、杂物，应及时清理，确保道路畅通；努力实现“四在农家·美丽乡村”小康行动计划，“十县百乡千村”示范村，积极创建五好文明家庭，不损害公共财产和他人的合法权益。

七、森林防火：

（一）严禁铲草烧灰、烧稻草，禁止在林区上坟烧纸，燃放鞭炮，如不听劝阻造成火灾，村委有权对其进行处罚，并上报林业局和公安机关进行处理，造成严重后果的，依法追究刑事责任。

（二）对痴呆傻等无民事行动能力的人造成森林火灾的，对其监护人进行依法处理。

（三）在本辖区内，发现森林火灾，凡年满18岁以上30岁以下的村民都要积极参加扑火，同时要及时向村委报告，不参加扑救森林火灾的，可以暂缓办理相关事宜。

（四）家中电线老化的要及时更换，房前屋后柴堆草垛要堆好，预防安全隐患。

八、办酒席方面。凡居住在本村范围内的农村群众或住户、符合下列条件可以申办酒席：

（一）本人、本人的子女或本人直接的监护对象结婚。

（二）本人及本人配偶直系亲属去世或本人及其配偶直接赡养老人去世。

（三）老人年满80周岁起，每过十年可办一次寿宴，根据民俗，可以提前一年操办，不得多个子女重复办理。

凡符合操办酒席条件和范围的，按以下程序申请办理：

（一）婚事酒席办理：申报人凭《结婚证》在办理酒席前10日向村委会申报，经村委会书面同意后方可办理。

（二）丧事酒席办理：由办理人在火化前到村委办理死亡火化证明，丧事结束后办理户籍注销手续。

（三）寿宴办理：申报人凭户口本在办理酒席前10日前到村委会申报，经村委会书面同意后方可办理。提倡移风易俗，勤俭节约，从简办理婚丧嫁娶，提倡殡葬火化。

九、民事调解方面：调解工作必须公正客观，于法有效，于理有据，调解成功后，要制作调解协议书，当事人双方和调解员要签名，并加盖印章。调解不成，当事人可向上级政府请求处理或向人民法院起诉。对纠纷复杂，影响较大，或涉及多数方面的纠纷，不得调解，可告知当事人向人民法院起诉。村民调解委员会通过说服、疏导等方法，促使当事人在平等协商基础上自愿达成调解协议，解决民间纠纷。

十、合理利用土地，依法保护自然生态发展资源，不乱开乱采，不乱砍滥伐，对国家建设项目征用土地必需大力支持。

十一、管理好放养动物，防止养动物毁坏他人庄稼或果园，不在田边土角施放剧毒农药防鸟兽。

十二、诚实守信，相信科学，勤劳致富，禁止任何形式的坑蒙拐骗等违背道德和违反法律的行为。

十三、对不赡养老人的将对当事人进行批评教育，并要求当事人整改，如不听劝将上报司法部门。

十四、本村规民约经第十届村民代表大会第三次会议讨论通过，并于 2017 年 3 月 19 日起执行。执行过程中需进行修正，须经村民代表大会讨论通过，由花茂村村民委员会负责解释。

主要参考文献

［清］郑珍、莫友芝编纂，遵义市编纂委员会办公室点校:《遵义府志》，四川出版集团巴蜀书社，2013 年。

［民国］周恭寿修，赵恺、杨恩元纂，遵义市编纂委员会办公室点校:《续遵义府志》，四川出版集团巴蜀书社，2014 年。

遵义县志编纂委员会编，文德政主编:《遵义县志》（首卷），贵州人民出版社，1992 年。

遵义县志编纂委员会编，杨生国主编:《遵义县志（1978—2007）》，中国文史出版社，2014 年。

遵义县枫香镇志编纂委员会，江廷绪主编:《枫香镇志》，2013 年。

中共遵义县委组织部、党史研究室、县档案局编，袁光强主编:《中国共产党遵义县组织史资料、政军统群系统组织史资料》，1991 年。

陈伯钧、童小鹏、伍云甫、张子意:《红军长征日记》，档案出版社，1986 年。

费侃如编著:《红一方面军长征日志》，东方出版中心，2006 年。

石永言著:《遵义会议纪实》，解放军文艺出版社，1999 年。

吴德坤编:《遵义会议前后红军军事电文选编》，中央文献出版社，2011 年。

吴德坤编:《遵义会议前后国民党军事电文选编》，中央文献出版社，2012 年。

中共遵义县委党史研究室编，朱存福主编:《中央红军在遵义》，贵州民族出版社，1992 年。

杨生国主编:《寻找真理——苟坝会议十五问》，中央文献出版社，2014 年。

杨生国主编:《革命老区遵义县》，中共党史出版社，2017 年。

◉ 编纂始末

2016 年 10 月,《花茂村志》列入中国名村志文化工程。遵义市方志办主任陈灼、播州区方志办主任杨生国即到枫香镇花茂村调研。枫香镇分管领导、武装部部长周成军随后物色编纂人员，聘请退休教师江廷绪担任主编。2016 年 10 月 30 日至 11 月 1 日，派江廷绪参加中国地方志指导小组办公室（简称中指办）在安徽绩溪举行的中国名村志文化工程启动会。2017 年 1 月，组建了村志编辑部，增聘李明钢为副主编，编辑部按照名村志编纂要求，拟订篇目并开始编纂。是年 9 月 12 日，中国地方志指导小组秘书长，办公室党组书记、主任冀祥德到花茂村调研村志编纂情况，指出村志重点体现特色，不用面面俱到。为加快编纂进度和质量，市政府副市长李莲娜主持召开专题会议，明确该志书由播州区方志办主任杨生国续任主编。播州区方志办随即组织力量，查阅大量史料，并请区摄影家协会主席朱小松前往花茂 6 次拍摄图片。10 月底完成第一稿。11 月初，市方志办通过初审。11 月 17 日，通过省方志办终审。2017 年 12 月至 2019 年 3 月，编辑部按照中指办及省、市地方志办审查意见，进行 4 次修改和补充、调整，使之更加反映出花茂村的特色，更加符合中国名村志的标准。

《中国名村志丛书・花茂村志》编纂过程中查阅了中央电视台、新华社、《北京青年报》、人民网、《人民日报》、《文汇报》、《贵州日报》、贵州多彩网、《播州报》等关于花茂村的相关报道，高宪章、牟明灯、袁庆品、高媛等人提供了相关作品，王、鲁、牟、母、曹、刘等姓氏提供了族谱，中指办、省地方志办、市地方志办予以及时指导，特别是中国名村志文化工程办公室的王丹林、李江、丛珺老师提出了中肯的意见,《花茂村志》才得以顺利出版。在此，编辑部向以上单位和个人表示衷心感谢!

编　者

2020 年 8 月